最高の未来に変える　振り返りノート習慣

反思筆記

神奇的思緒整理術，
將過去轉化為最棒的未來

山田智惠──著
高宜汝──譯

前言　用反思筆記改變人生

你曾想要「做自己」「更發揮自己的長處」嗎？

想擁有更豐盛的人生，關鍵就在於「了解自己」。

但是，了解自己談何容易。

因爲我們看不見自己的內在。

說眞的，如果不用鏡子，人就連自己的外表都看不到。

開視訊會議時，大家有過被自己表情嚇到的經驗嗎？我有。認眞聽對方說話的我，不知不覺開始眉頭深鎖。好幾次都在看到自己的表情後，驚訝地想著，

「咦？我怎麼板著一張臉？」

就連外表都得用工具才看得到，了解內在時當然也需要工具。

而且，了解內在的工具就在我們身邊，這個工具就是：筆記本。

筆記本是照映出內在的一面鏡子。

寫下筆記後回顧、反思，即可逐漸釐清埋藏在心裡的念頭、想怎麼生活的想法、自己特別留意的事、思考邏輯與行動的習慣，以及深植內心的信念。

接下來，來介紹幾個藉由反思筆記改變人生的例子。

T曾在日本頂尖的大公司工作了十六年。認眞又富有責任感，在工作上總是一

肩扛起、負責到底的T，被公司外派到美國的研究所留學，學成歸國後也順利地升遷至管理階層。

可是T覺得自己不適合當主管，長期以來都懷著對公司的不滿繼續工作。從事自己喜歡的技術業務時間大幅減少，每天都被管理事項追著跑，痛苦到睡不著的他，連體重都跟著驟減，也曾無數次考慮過轉職。

即便如此，不知爲何總是難以跨出那一步。

此時，T開始反思自己的習慣。

他在筆記本上寫下自己的想法，開始思考自己爲什麼還停留在這個痛苦的環境中。

擔心錢不夠用、不知道換工作之後會不會順利、至今的努力會不會完全白費、煩惱大家對自己的看法……各種不安交雜在內心當中。

他每天再三回顧筆記，持續詰問自己。過了不久，他總算看清自己內心深處的糾結。

造成他裹足不前的最大原因，來自於早已離世的父母對他的期許——「希望T在穩定的大公司裡工作」。

T的雙親是非常嚴厲的人。

T的媽媽最開心的就是看到他成績優異、就讀名校大學、進入穩定的大公司順利升遷，還曾經對他說，「你是我最棒的傑作。」

所以選擇離開大公司、做著自己想做的事，會讓T覺得自己辜負了媽媽的期待。即使父母早已離世，T還是繼續依照父母的期待生活，並爲此所苦。

透過反思筆記，就能逐漸看清內心深處的糾結。找到糾結的原因後，即可開始思考下一步「該怎麼做」。

T也因此突然開始正視現實：

父母已離世；妻子鼓勵自己「去做想做的事比較好」；想讓可愛的孩子們看到自己每天開心工作的模樣；想要從事更多技術相關的業務。

看清自己的內心後，T下定決心，要轉職到能活用技術的新創公司。

從大公司轉職到新創公司或許並不稀奇，但是對T來說，這個決定是解開糾結、邁出以自身價值觀決定人生的重要一步。

也來介紹一下我的實際體驗吧。

我曾因爲父親經營的公司進行企業重整，在全家人失業的情況下，對人生感到徹底絕望。那時候爲了找出機會，我開始每天在筆記本上把感覺是機會的事情記錄下來。而且不光只是記錄，我也會一天翻閱好幾次，每翻一次就有新發現，也開始了解自己究竟是哪種人。

現在有哪些好機會？自己有哪些優點？遇到哪些情況容易沮喪？打從心底期待的事情是什麼？……比過去更了解自己之後，我決定要發揮自己的「有物」

（擁有的資源、特質等等）。從那時起，我的人生便一下子好轉起來。

我曾任上市公司部長及新創外商公司管理職，在二〇一九年寫下《意義筆記：一天寫下三個機會，就能看見前進方向》這本書，接著以此為機緣，開始從事協助各位透過反思筆記開拓人生的工作。

開始做這份工作後，我才明白很多人雖然會「寫」，卻把「反思」當成一件難事，難以養成習慣。

反思、回顧自己的內省，也可說是「跟自己溝通的方法」。不過無論是學校還是公司，都不會教我們具體做法或是養成習慣的方法，才會被認為難以上手。

因此，我幾乎每週都舉辦「回顧會」，也已教導超過五千人具體該怎麼做的方法。

我也在歷經各種嘗試之後，發現了「反思筆記」這個具體方法，能夠讓人在短時間內察覺到改變人生的要點。本書就是爲了告訴你這個方法而撰寫。

羅馬皇帝馬可斯·奧理略（Marcus Aurelius）有寫日記的習慣，編輯成冊後出版，即知名的《沉思錄》，身爲現代人的我們也能夠讀到。這本日記寫滿了奧理略對自己說的話。

·不要煩惱未來。需要的話，現在派上用場的智識之劍已足以面對未來。
·不要再談論好人，是時候當個好人了。
·人生很短。你的人生幾乎已接近尾聲了，但你卻不尊敬自己，還把幸福寄託在別人的靈魂中。

奧理略身處在一個困難接踵而來的時代。

不只戰爭頻仍，傳染病疫情也相當嚴重。在這艱困的情況下，身爲皇帝的他，能吐露眞心話的商量對象應該不多，想必是寫下給自己的話語之後，不斷反覆翻閱，再以此療癒、鼓勵與鼓舞自己吧。

即使不是皇帝這種特殊地位的人，最後都得由自己來決定自己的人生。這時候，反思的能力一定派得上用場。反思能幫助自我療癒內心，也能夠有效整理思緒，從中看見人生的行動方針。沒有比反思更有效的方法了。

如果不知道反思的方法，就會繼續忽視自己的心聲，對自己許下完全做不到的約定，或是過度期待後，又自顧自地失望。事態嚴重的話還會咒罵自己，甚至連

做夢都會繼續自責。當對象變成自己時，這種絕對不會對別人做的過分行爲，就會很自然地用來對付自己。

現在我們經常花時間在處理網路或社群平臺上的大量資訊，或是與他人的溝通，如果沒有刻意騰出時間，就幾乎沒有時間反思。

只要幾分鐘就好，請培養騰出反思時間的習慣。反思不只是了解自己，也是與自己建立良好關係，珍惜自己、豐富人生的能力。

每個人都能透過學習並培養習慣，來學會反思的技巧。讓我們一起學習，從今天就開始回顧吧。

山田智惠

目次

第2章 七大反思技巧

第3章

每日回顧

第4章

週回顧及月回顧

第5章 養成反思習慣的訣竅

第6章 超越反思

第 1 章

找出你的資產

1 對「反思」的誤解

「我準備得不夠，我會再改善。」

「我沒有考慮到對方的心情，平常就該多留意才是。」

一聽到「反思」這個詞，你是不是覺得就是要反省自己，像上述的句子一樣找出自己「哪裡做不好」呢？

應該不少人都有過這種經驗。學生時期得向老師、成爲社會人士後得對上司敘述自己做不好的地方。

雖然這種類似反省會的反思，也有人視爲是謙虛的舉動，可是對許多人來說，卻是喪失自信的時刻。最重要的是，一點都不開心。

要找出自己的缺點、做不到的事，還要找出背後的理由，這段時間就像拷問一樣。

也難怪人們光聽到「反思」就覺得「今天好累，拜託放過我吧」。

其中，也有人會變得像黑心公司一樣，給自己絕對做不完的大量任務，再一直責怪自己，「又沒做完！你怎麼那麼懶惰！」

這些小劇場都在心裡面發生，別人是看不出來的。所以不但沒有人能阻止，還容易變本加厲，甚至連做夢都會一直碎念、自責。

一聽到「反思」就覺得很難的人，通常都是因爲心裡已經有這些刻板印象。讓我們一起來推翻「反思痛苦又無聊」的印象吧。

本書絕對不是要請大家「修正缺點」或「彌補自己的不足之處」，而是請大家找出自己的「有物」，將「自己」這塊材料發揮到淋漓盡致。

你在筆記本寫下的字句中，潛藏著許多「你該如何生活」「正在煩惱什麼」「具有哪些才能」「擁有哪些緣分」等重要的人生線索。稍微研磨，就有如鑽石般的緣分；分開看如沙金般微小、但累積起來卻像金塊一樣的經驗；用漂亮的畫框裱起來、稍作妝點後看起來像是名畫般的點子——這些都是你的「有物」。

試著反思、回顧之後，應該就能發現你早就擁有一生都用不完的眾多資產。

一講到資產，或許會讓人聯想到金錢。但金錢也有脆弱的一面，一下子就消失了。

我在父親的公司進行企業重整時，驚訝地發現原來金錢、社會信任及人際關係，都會在一瞬間消失。俗話也說，無錢就無緣，一點都不可靠。

當時我以爲失去了一切，實際上並非如此。我還保有自己的經驗、智慧、想法等所謂的有物，它是能讓人生東山再起好幾次的可靠資產，沒有人可以奪走。

重要的是明確自覺到自己擁有哪些資產，不能只是「一知半解」。因爲必須要先有自覺，才有辦法任意運用資產。

舉例來說，假設你非常適合穿白襯衫。如果你自覺到這一點，就能選擇「在重要的日子穿白襯衫」。可是，如果你沒有自己適合哪種襯衫的自覺，或許就會照那天的心情穿上藍襯衫。沒有自覺的話，只能依賴「偶然」來發揮自己的優點。

接著，你應該會發現，連那些想遺忘的黑歷史都是重要的資產。

我曾經在九年內，從未對任何人透露過全家失業這件事。因爲我認爲若讓別人知道，對我來說只有壞處。不過到了現在，只要在演講上談到這個經驗，它就會成爲我感動人心、給人「勇氣」的資產。雖然是人生跌到谷底的經驗，但如果沒有這個經驗，我也寫不出這本書。原先以爲是黑歷史的事件，往往會變成自己的無價之寶。

你的「有物」都是資產，完全不需要謙虛。仔細翻找寶箱的各個角落後竭盡所能吧。

我認爲運用自己擁有的一切，等同於活得淋漓盡致。

2 沒目標也沒關係

聽到「反思」，也許有人會想到了解目標與現實間差距的方法。不過，本書提議的反思不需要目標。

我也曾經有爲了讓人生變順利，訂定目標好幾次的時期。

我每年都在過新年時寫下這些目標：

・要會說英語！
・每週去兩次健身房鍛鍊體力！
・增加自炊的次數，讓飲食更健康！
・認識各種人，增加更多刺激！

你可能也寫過很類似的目標吧？

我還因爲聽說不要光寫字，要把目標視覺化比較好，所以做了一塊目標板，貼滿了對夢想的模擬圖。我以爲這是成功的必做事項。

可是，某天我突然意識到一件事，傻眼到說不出話來。

沒想到，我竟然每一年——而且是連續六年——都寫了同一個目標。一直寫著同一件事的我，不但沒實現夢想，也從未付諸行動。

我不禁在心中大喊，「這完全沒意義啊！」

不但沒實現夢想，更糟糕的是開始覺得自己是個廢人。寫這些目標到底是爲了什麼……我心裡漸漸湧起滿肚子火。

於是從那年起，我再也不訂目標了。

然後，**我決定把放棄訂定目標後空出來的時間，用來寫反思筆記。**

我開始專心去發揮現在的「有物」。今天有哪些機會來找過我呢？認眞思考自己在怎麼看都一無是處的經驗裡，學到了什麼？想像自己與認識的人們能一起做些什麼？

每當我看不清未來的方向，就會害怕到忍不住訂定目標。然而我決定拋開恐懼，交給運氣決定。

結果，連想都沒想過的未來一一實現。無論是在大公司升遷、寫書、創業、演講變成工作，或是擁有自己的社群團體，這些事我完全沒想過自己做得到，卻接二連三實現。

常有人說，「只有思考過的事會成眞。」但我打從心底認爲沒這回事，人生也會發生自己從沒想過的事。

所以，我想用力告訴大家：

就算沒有訂定目標，只要找到「自己的有物」再好好發揮，就能抵達超乎想像的未來！

管理學中有個創效理論（Effectuation Theory）。

這是管理學博士薩拉斯瓦蒂（Saras Sarasvathy），在研究優秀創業家的思考方式時發現的法則，與過去認爲的成功法則完全相反：「優秀的創業家不用回推思考，不會先訂定目標再往回推算、擬訂計畫，而是**採取以現有方法一一找出新終點的思考方式。**」

這跟本書發揮「有物」的思考方式非常相似。

這種思考方式不只適用於自我成長的領域，就連在商業界也逐漸成爲主流。

若是覺得設定目標不太順利的人，推薦改爲找出自己現在的「有物」並發揮它的方式。

所謂的目標，本來就是只能在所知範圍內訂定的東西，無法把從未看到的可能性列入。

堅持在所知範圍中訂目標，可能會讓選項變少，試著聚焦在現在的自己所擁有的眾多「有物」上吧。

3 藉由反思逐漸看見自己的內在

持續進行本書介紹的每週回顧及每月回顧後，再經過三個步驟，即可「慢慢」看清自己的內在。我會以樹木爲例，一一說明這些步驟，具體的反思方法稍後解說，請先大致掌握反思的效果。

①看見樹葉的階段

開始培養反思的習慣之後，會先了解「自身思緒與身心的狀態」，漸漸釐清「最近在意的事」與「重視的人」。

比擬成樹木的話，就像是樹上的樹葉。畢竟是樹葉，所以會慢慢生長變化。

這個階段，是去習慣聆聽自己的想法及情緒之類的「內在聲音」。

請將每天感受到哪些事、思考哪些事的結果，寫成文字。

這個階段會持續約三個月至半年。不要壓抑想法及情緒，試著坦率傾聽這些聲音。即使別人不會看到自己寫下的內容，你在回顧時也會出現莫名其妙擺架子、用修飾過的說法來表達，或是把從未想過的乖寶寶想法套用在自己身上等情況。就連察覺到這一面也是重要的發現，所以做好接納各種自己的心理準備吧。

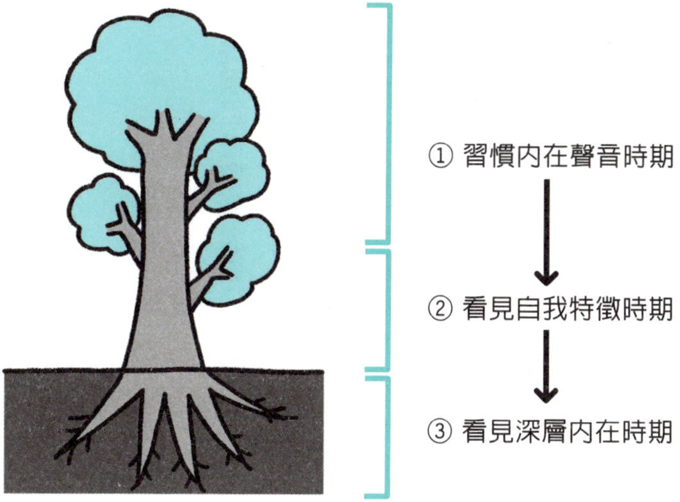
① 習慣內在聲音時期
② 看見自我特徵時期
③ 看見深層內在時期

看清「思緒與身心狀態」

經過反思之後，就會看見自己的思緒與身心狀態。掌握自我的狀態是了解自己的第一步。

例 **這週工作時心情都很好，或許是因為週二在會議上擔任司儀時相當順利，讓我更有自信。**

例 **這週很常頭痛，是因為天氣的關係嗎？每年這個時期身體都不太好。**

看清「在意的事」

寫在筆記本裡的內容，也稱得上是在意的事物列表，即使內容多半瑣碎又不連貫，仍可從中看出目前在意的事。

例 **這個月已經問了自己兩次，「今後該怎麼辦？」或許正是思考今後走**

向的時機？

例 看了移居京都的人寫的部落格，讓我難以忘懷。很羨慕這種自由的生活方式。

四 看清「重視的人、關鍵人物」

可以重新確認人生中重視的對象，或是察覺其實每天都在支持自己的人、願意幫點小忙的人、能讓事情大有進展的關鍵人物等。

例 阿東介紹我認識的人，好像都會帶來很好的工作機會耶！

例 跟家人一起度過快樂時光之後，大部分的煩惱都變得不再重要。他們是我生命中重要的人。

②看見樹幹的階段

習慣將內在想法文字化之後，即可逐漸看清「有興趣的事」「強項及擅長的事」及「思考及行爲模式」。

以樹來比喻的話，就像是樹幹。比起枝葉，更接近核心的自我特色或價值觀。

行動開始變得比較積極，也是此階段的一個特徵。習慣傾聽內在想法之後，會開始了解自己想採取哪些行動，行動時的步調也變得更輕快。相反地，也有人會開始了解自己對哪些情形感到不舒服，小心地不要從事相關行爲。由於已慢慢明白哪些事不適合自己、討厭的事有哪些，就能漸漸維持住自身的良好狀態。

看清「有興趣的事」

其實很多人都沒有意識到自己對哪些事情有興趣，因為太過理所當然，完全不覺得那有什麼特別。

例如，我長年以來都沒意識到自己很喜歡筆記本。即使別人提到，我也只是覺得，「筆記本？嗯，我可能眞的喜歡吧。」現在的我雖然用筆記本來工作，但在毫無自覺的那個時期，從來沒想過有這個方法。

對於自己有興趣或喜歡的事，大多數的行動都是自然發生的。不過藉由意識到這件事，我們可以蒐集到更多資訊，同時拓展行動方式。

例 **想深入鑽研管理行程的方法。從瑣碎的待辦事項到重大事項，如果可以更適當地管理這些事務，感覺會更有自信。**

例 **想研究女性領導者的裝扮。不只是常見的上班服飾，還想知道更多穿搭種類！**

看清「強項、專長」

了解自己的強項或專長之後，就能開始思考該如何活用。就算只看單項時覺得用處不大，但有時好幾項專長合在一起，就能加乘變成超強武器。

例 **組員說，「跟我一對一面談的時間都很棒。」我或許很適合一對一的領導風格。**

例 **北川稱讚了我的部落格，但我明明沒花太多心思在寫。或許我擅長寫文章。**

看清「思考及行為模式」

每個人都有重複的思考模式或行爲模式。

例如，人們想增加「爲自己感到驕傲」等正向模式，也有想減少的「容易沮喪」「容易生氣」等模式。

一一回顧之後，就能看清經常重複出現的模式有哪些。

③看見樹根的階段

接下來會進入更深層的看見樹根階段，你應該會感覺到抵達內心的深處。

你將在此階段釐清「形成自身思考及行爲模式的根源」，或是「想如何生活？想成爲哪種人？」等期望與想法。

也有很多人在這個時機點決定要轉職或創業，以及做出重大決定。

看清「形成思考及行為模式的根源」

在樹幹階段說明過的思考及行爲模式，到了樹根階段就能釐清其根源。這個根源是你重視的信念或下意識深植在心中的既定觀點。你可以決定要更重視，抑或是汰換掉，培養出新模式。

例 沒有人阻止我去做想做的事，我發現阻止我的人其實是自己。來做做看吧。

例 心裡總覺得無論什麼事都要「獨自完成」，可是也有人是因為合作而成功的。也許我不需要堅持只能獨自完成。

看清「期望、想法」

想做什麼？想怎麼生活？想怎麼做？遠離「應該要這麼做」「應該要這麼生活」之類以他人爲主的「應該」，就能釐清自己直率的期望。

很多人發現，常寫的關鍵字裡有「自己心目中的模樣」。請務必留意經常出現在筆記本裡的關鍵字。

另外，有時候反而會從「不想變這樣」「不想這麼做」等感覺自己很討厭的事情中，發現「理想的模樣」或「想做的事」。

看見這些根本部分以後，行動的速度就會一下子變快。

例 想試著創業！先從副業開始，總有一天會創業。

例 生小孩之後，我不再擁有喜愛的繪圖時間。或許我心裡一直覺得，「不應該花時間在自己身上，要專心育兒。」可是，開心過日子的我，也能帶給小孩正面的影響才對。重新給自己畫畫的時間吧。

透過大致上分出來的三個階段，我們會像上述越來越了解自己。

不用一下子就直衝樹根，從樹葉開始，也能漸漸看清樹幹，然後抵達樹根。所以不用著急，持續努力吧。

此外，樹幹跟樹根會逐漸出現變化，也可能長出新的樹幹。因此，這整個作業並非走過一遍即大功告成，要藉由培養出反思的習慣，來追蹤自己的樹幹或樹根的變化。

4 書寫的效果

本書的反思方法，將分成「書寫」與「回顧」來進行。

重要的不是書寫，而是「回顧寫下的內容」。

爲什麼光寫下來還不夠，還得去回顧、反思呢？

這其實有明確的理由。

總之，先來了解書寫的效果吧。

書寫的重要功效，是將情緒文字化，藉此整理心情。

請想像一個正在哭泣的嬰兒。

嬰兒一哭，父母心想，「奇怪，有什麼事讓他不開心嗎？」接著察覺到有異，試著尋找讓孩子不開心的原因——「他肚子餓了嗎？」「尿布髒了嗎？」

因爲嬰兒不會說話，只能用哭表達不悅。不過說實話，剛出生的嬰兒根本無法辨識自己不開心的原因，完全無法判斷是因爲肚子餓了、想睡覺，還是覺得癢？如果要代替嬰兒表達心情，應該會是，「我不知道是什麼讓我不舒服，但我不開心！幫幫我！」

仔細想想，這種情況難道只會在嬰兒身上發生嗎？

大人不也常有類似的狀況嗎？

應該很多人都曾經在開心或遇到危機時，只要心情有變化，都用「好糟糕」一句話來表達，或是只用「莫名不爽」來詮釋生氣的感受。

就連自己也不知道，究竟影響心情的原因是什麼？是哀傷，還是生氣？就跟不知道自己爲什麼不開心的嬰兒一模一樣。

有項研究結果顯示，越能表達情緒的人，抗壓性越強。因爲如果能夠表達情緒，大腦就不會感到混亂，心理也會更穩定。

而書寫可以幫助我們更仔細辨識自己的情緒。

分享一個我將恐懼的內容轉化爲文字之後，不再感到緊張的經驗。

當時，我得到與知名大學教授對談的機會。從對談日的一週前，我就緊張到不行。滿腦子都是對談的事，在那一週我甚至還夢到那位教授三次。

可是，我停留在「啊，好緊張」的階段，

沒有仔細思考緊張的眞正原因。

「我爲什麼這麼緊張？我害怕的到底是什麼？」當天緊張到肚子痛的我，決定試著把答案寫出來。首先，我想到：

難道我擔心在大家面前無法好好說話嗎？

雖然會擔心，可是這次的緊張感跟平時自己一個人講話的時候不一樣，所以我覺得一定還有其他原因。接著我想到：

我擔心跟教授對談時氣氛不好嗎？

我認爲自己的確有在擔心這件事。可是，總覺得光是這點還無法完全說服自己。所以我再往下深究，開始思考所謂的「氣氛不好」是指哪種情況，然後就想到了這個答案：

如果我無法理解教授說的內容、好好回應他的話，就完蛋了！

到了這時候，我才察覺「就是這點」！假如教授說了很艱澀的內容，我無法理解他說的話，以至於腦袋放空，就會不知道該如何進行下去才好。這個狀況是我最害怕的事！總算找到自己緊張的原因了。由於整個情況已順利文字化，接下來就能好好思考，「如果現實中發生這個狀況，該怎麼辦才好？」

若我無法理解教授的話，就試著問他，「我不太明白，可以請您再解釋一次嗎？」教授不會因爲這種事生氣的。

決定好應對方法後，「那就沒什麼好怕的了」的想法也跟著出現，內心也開始平靜下來。結果對談時的氣氛非常熱烈，讓我又多了一次美好的經驗。

停留在「不知爲何好緊張」的階段時，我不知道究竟是在害怕什麼而緊張，頭腦則處於混亂之中。可是，將害怕的原因文字化、找出原因之後，就能開始思考接下來的行動「該怎麼辦」。

每天書寫，就能讓文字化更上手。

剛開始只寫得出「糟糕」的人，也會開始想寫得更詳細，「什麼東西很糟糕？」「爲什麼我覺得很糟糕？」自然而然提高精確度，讓思想跟想法更清楚地轉化爲文字。

這就是書寫的效果。

光是書寫，就能讓頭腦及內心更舒暢。我相信很多人也是因爲這個效果，才能持續書寫到現在。書寫就是如此重要。

5 回顧的效果

筆記不是寫下來就結束，好好回顧自己寫過的事吧。
因為書寫時看不到的要點，會在回顧時第一次發現到它的存在。

尤其是樹幹及樹根的部分，只能靠回顧才看得見。
為什麼只有回顧時才看得到呢？背後有明確的理由。

過一段時間後會變得更冷靜，看到的範圍也會更廣

你是否曾在早上重看前一晚寫的信或是詩句，臉紅地覺得「哇！好丟臉」呢？太沉浸在自己的世界，或是自以為是的想法太多了。特別是半夜寫的情書，讓人根本讀不下去。

這是因爲經過一段時間後，不再陷於「那時候」的情緒，可以客觀觀察自我或整體情況。

有個眾所周知的方法，就是想傳生氣的訊息給對方時，不要在當天傳，最好等一個晚上後再重新看一次。因爲稍等一段時間，看見的不再只有自己的觀點，也可以推斷對方看到訊息後的感受。時間能讓我們冷靜下來，觀察到的範圍也會更寬廣。

本書建議的方法是：在週末與月底，再次回顧寫下的內容。發生事情的當天，無論如何都會受到情緒影響，經常無法冷靜下來。話雖如此，隔太久也會忘記，所以最適當的期間就是以一週及一個月爲單位回顧內容，可以更清晰地觀察自己。

回顧衆多事例形成的資料庫，釐清自己的習慣

週回顧及月回顧是回顧自己每天的紀錄。

記載著每日紀錄的筆記本，會成爲照映出內心及行動的資料庫。

我們無法光從一件事來觀察自己的習慣，必須等到累積多個事例後，才能開始釐清。例如：

自己對哪些事情感興趣？

能促使自己成長的關鍵人物是誰？

自己常出現哪種思考模式？

不要只是寫筆記，若是把筆記本當成資料庫來回顧，即能清楚觀察到自己的習慣及特質。接著再繼續回顧這些事情，**還能釐清影響自己習慣的信念及既定觀點。**

深度反思無法倚賴曖昧不明的「記憶」，要靠「紀錄」才能進行。

人類是會逐漸遺忘的生物。據說一天發生的事情，被忘記的比例高達七五％，記得的事還比較少。光想起昨天做了哪些事就很不簡單了，更別說是兩天前發生的事，不看行事曆根本想不起來吧。

趁記憶還清晰的當天寫下紀錄，累積成資料庫之後再回顧，就能更正確地認知自己的想法及行爲。

這就是回顧的效果，持續進行應該可以更感受到它的效果。

6 七大反思技巧及三種回顧表格

①七大反思技巧

前言曾提到，覺得反思是件難事的人，大多都是因爲不知道該回顧什麼，也不知道該怎麼回顧才對，因此我將加強反思的方法，統整成七大技巧。

學會這七種技巧，就能把思考、情緒等內在心聲轉化爲文字，加快行動的速度。

另外，還可以鍛鍊對事情或自我的觀點等認知。

畢竟這些是技巧，只要訓練，一定能學會。

七大反思技巧

技巧 1
區分

技巧 2
賦予意義

技巧 3
篩選

技巧 4
關聯

技巧 5
抽象化

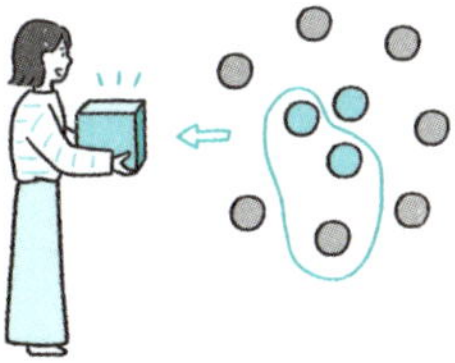

技巧 6
具體化

技巧 7
換副濾鏡

各位會在第二章徹底了解每項技巧，再於第三章的每日回顧、第四章的週回顧及月回顧中實際應用。

②三種回顧表格

每日回顧

每日回顧是要深度回顧一件事。只需一天就能結束，因此命名爲每日回顧。不需要每天留下紀錄，可以隨意進行，到第三章再仔細學習吧。

週回顧、月回顧

週回顧及月回顧是要回顧每天寫下的紀錄。每過一週回顧一次，即稱爲週回顧，每過一個月回顧一次，則稱爲月回顧。每天寫下的紀錄，是這世上唯一一個「關於你的資料庫」。週回顧及月回顧是基於這個資料庫來回顧，才能更深更廣地了解自己。到第四章再仔細學習吧。

三種回顧表格

每日回顧

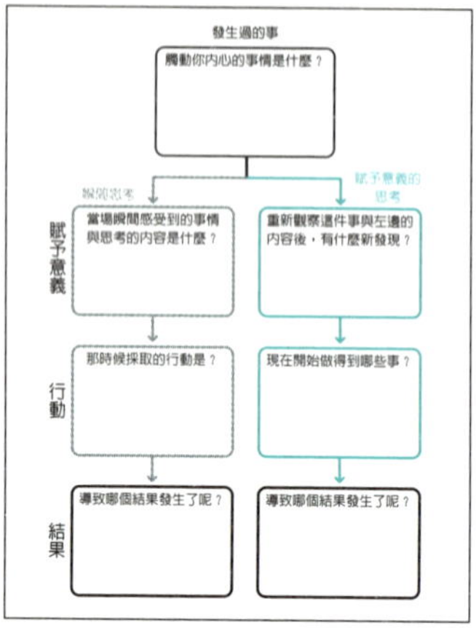
發生過的事
觸動你內心的事情是什麼？
賦予意義的思考
賦予意義
當場瞬間感受到的事情與思考的內容是什麼？
重新觀察這件事與左邊的內容後，有什麼新發現？
行動
那時候採取的行動是？
現在開始做得到哪些事？
結果
導致哪個結果發生了呢？
導致哪個結果發生了呢？

回顧一件事

（將於第三章詳細解說）

週回顧　　　　月回顧

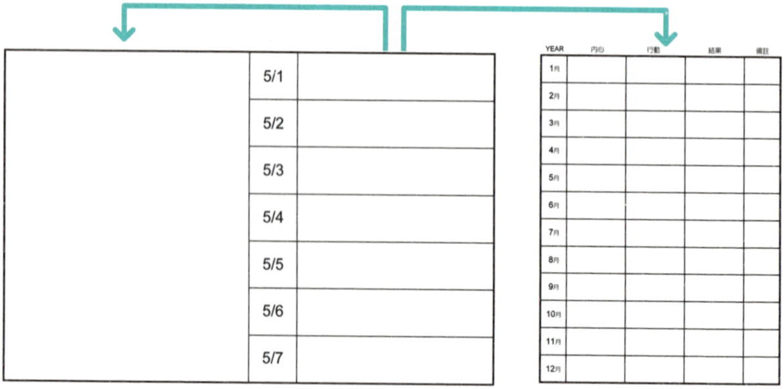
5/1
5/2
5/3
5/4
5/5
5/6
5/7
YEAR
內心
行動
結果
備註
1月
2月
3月
4月
5月
6月
7月
8月
9月
10月
11月
12月

基於一整週的紀錄來回顧　　寫下每日紀錄　　基於一整個月的紀錄來回顧

（將於第四章詳細解說）

第 2 章

七大反思技巧

1 技巧①：區分

這一章會告訴各位回顧時需要的七大反思技巧。

磨練這七大反思技巧，不只會增進思考能力，也會練就開拓人生的求生能力。

一起來慢慢認識每一個能力吧。

第一個技巧是**區分自己「改變得了的事」與「改變不了的事」**。

我們可以透過區分的技巧，找出自己做得到的事，並爲那件事付出努力。

大多數人都爲了自己無法改變的事而痛苦或煩惱。

去考慮別人的想法與行爲，或是無數次回想起早已無法改變的過去；也經常出現滿腦子只想著改變不了的事，自己做得到的事卻完全沒著手的情況。

爲什麼會反覆陷入這種狀況呢？

其實這也是理所當然，因爲人們的腦海中全都亂成一團，沒有好好整理。

不曉得大家是否有過這種經驗：不知道某件事是別人告訴自己的，還是自己想到的；或是把尚未發生的未來，看成是已經發生的負面狀況，爲此心生恐懼。

腦海中總是把各種事情混在一起，讓界線變得模糊，所以分不清哪些是改變得了或改變不了的事。

因此，不要只是在腦中思考，必須好好

區分

寫下來回顧。

這樣一來，才終於能夠將每件事好好分類，釐清自己做得到的事究竟是什麼。

接著，就來試著區分以下四種類型吧。

①事情與主觀

區分已經發生的「事情」與「主觀」。

「事情」是無法改變的。可是，你的「主觀」——對這件事情的「看法」，是可以任意改變的。

比方說，出現「最近討論投資的人變多了」的「事情」。每個人對這件事的「主觀」見仁見智，先假設是「討論投資的人很可疑」。

此時的重點，在於察覺「主觀」是無限自由且可以任意改變的。

若是把「事情」與「主觀」混在一起、分不清兩者的話，會限制住自己的「主觀」，認爲只有一種固定答案。例如「討論投資的人很可疑」明明只是個「主觀」，卻毫不懷疑地把它當成是事實，忘記實際上「主觀」能任意改變。

我們經常聽到「……出現問題」，也是個沒有好好區分的例子。

出現的只是一個現象，至於要不要把它當成問題，則是「主觀」。無法好好區分兩者，把「……

出現問題」視為事實的話，無論從哪個角度看，都只能把這件事看成是問題。緊緊貼上「看法」的標籤後，便再也無法撕下了。

區分這兩者看似單純又簡單，其實得經過訓練才能學會，最好視為光靠腦中思考是絕對做不到的事。好好寫成文字，留下物理痕跡後再來確認細節，做到這一步才算是能夠開始區分。

②別人與自己

第二組是「別人」與「自己」。我們能改變的，終究只有「自己」的「想法」與行為。「別人」要怎麼想、怎麼行動，都是「別人」的決定，不是你改變得了的。

可是，人就是會在意別人，也會忍不住擔心別人對「自己」的看法，然後出現像是「希望他能更信任我」「希望他能看到我」「希望他能稱讚我」等期待，開始想要改變「別人」的想法與行爲。

舉例來說，你讀了本書後有什麼想法呢？

我由衷希望你可以「很興奮地讀這本書」。

可是這只是我的期望，你怎麼想是你的自由，不是我能控制的。

並不是說不能對「別人」有期待，畢竟有時候告訴對方「自己」的期望，也是建立良好人際關係的重要環節。

只不過，一定要記得對方的想法跟行爲，終

改變得了
自己的主觀、行為
改變不了
別人的主觀、行為

究是由對方決定。「自己」會把時間用在哪件事情上，都跟能不能好好區分這兩者有關。

③行動與結果

下一個要區分的是「行動」與「結果」。

我們能任意改變「行動」，但無法掌控「結果」。

如果自身的「行動」能直接影響「結果」，像是減重、考試成績等事，就可以輕鬆掌控「結果」。可是，若是跑業務、公司升遷之類牽扯到許多人的事情，就無法光靠自己的「行動」得到「結果」。

長大後，自己所做的事情若越複雜，也越難掌控「結果」。

如果身處以前那種太平時代，或許還比較有可能，但在現在，無法預料、人稱VUCA*的事情頻繁發生，讓結果更加難以掌控。

若想看透自己可以改變哪些事，將「行動」與「結果」分開思考就變得相當重要。

只有「行動」是百分之百能任由自己改變的，「光思考卻不行動」就太可惜了。區分「行動」與「結果」，專注在自己做得到的事情上吧。

*譯註：VUCA為Volatility（易變性）、Uncertainty（不確定性）、Complexity（複雜性）及Ambiguity（模糊性）之縮寫。

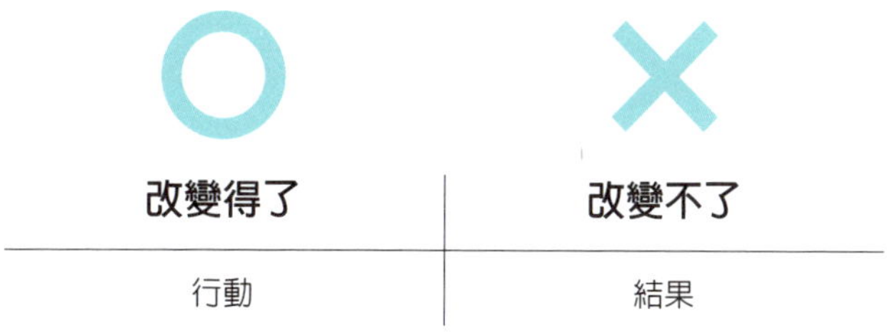

④過去與現在

毋庸置疑，我們無法改變「過去」。因此，好好區分它到底是「現在做得到的事」，還是「過去的事」。

請同時留意自己的表達方式。在回顧過程中，有人會以「如果能這樣做就好了」的說法來表達，但是這種說法屬於過去式，記得要改成「之後會這麼做」。

也許對當事者來說，只是用了過去式來講，以那句話表示「之後會這麼做」。

不過，正如同有所謂的「言靈」*，使用哪些詞彙就顯得相當重要，因爲遣詞用字會影響想法。爲了能夠好好區分，重要的是將說法改成「現在起做得到的行爲」的口吻。

整體來說，就如上述般區分這四種類型。

光是學會這個區分技巧，心態跟行爲就會出現巨大變化。

清楚做出區分之後，會發現自己做得到的事其實非常有限。但是，專注在這些有限的事情上，就能大大改變命運。這股力量之大，好比用放大鏡將陽光聚焦在一點上就足以起火燃燒一樣劇烈。

俗話說，「盡人事，聽天命。」就讓我們好好區分可盡人事的事與聽天命的事吧。

*編註：「言靈」一詞最早出自日文，認爲言語有不可忽視的力量，誓言或詛咒即是最好的例子。

2 技巧②：賦予意義

賦予意義的技巧，是指從發生在自己身上的事情裡，找出價值或可能性。在技巧①曾提到，「事情本身無法改變，但是主觀能任意改變。」賦予意義，即是學會架構主觀的方法。

發生某個狀況後，會瞬間產生某種情緒，無意識地開始思考。例如，聽到上司下了不明確的指令之後，瞬間煩躁起來；聽到有人稱讚自己時雖然會害羞，同時也覺得很自豪。

若非要控制對每一件事的情緒且一一深思，日常生活就難以順暢進行，所以我們才會在瞬間出現這些情緒與思考。

然而，不讓整件事停留在瞬間的情緒及無意識思考，同時從中刻意找出價值與可能性的，就是賦予意義的技巧。

爲什麼賦予意義的技巧這麼重要呢？因爲人只要找出價值或可能性，就會改變行爲。

像是在面臨緊要關頭時，心裡想的是「完蛋了……」抑或「這是成長的機會」，就足以影響之後的行動。對事情的定義，就是決定行動方向的指南針。

行動改變之後，結果也會跟著改變。重複這個步驟，就能改變人生。

不要讓這麼重要的力量消失在無意識裡，好好培養它吧。

賦予意義

爲發生在自己身上的事情賦予意義時，有以下兩個重點。

「討厭的事」或容易忽略的「小事」，也潛藏著價值及可能性

不只要留意超級正向的特殊事件，也請注意讓自己生氣、哀傷或討厭自己的負面狀況，以及小小發現或是值得開心的小事。

我將討厭的事，稱爲「嗆辣機會」，把看似不足掛齒的事，稱爲「雞毛機會」。我們很容易覺得這些事毫無價值而忽略，然而只要學會賦予意義的技巧，它就會搖身一變成爲機會。

從中找出「新發現」「學習點」「決心」「好處」「預感」

在事情中找出「新發現」「學習點」「決心」「好處」「預感」，爲事件賦予意義。得到的結論就是你在那件事裡感受到的價值。

例如，跟家人開心共進晚餐（事情），度過幸福的時光（好處）。這個好

處就是你在這件事裡的收穫。

或者，你在期末意見回饋中，收到同事「傳達事情的方式太隨便」的負面評語（事情），雖然有點沮喪，但決定當成是學習新知的機會（決心）。這個決心就是你在這件事裡的收穫。

思考「到底從這件事中得到哪些收穫」，就能逐漸培養找出事情裡的價值與可能性的能力。

比起對錯分明的區分技巧，賦予意義技巧屬於沒有對錯、發揮創意的領域。請好好重視心中的贊同感，連自己都不贊同的事情不但容易忘記，也無法顯現在行爲上。

我會在第四章介紹週回顧與月回顧，請大家每天記下三件內心有反應的事情。如果開始進行每天幫三件事賦予意義的訓練，一個月就能練習九十次，一年就能練習超過一千次。都已經從這麼多件事裡找出價值與可能性了，就算不甘願，技巧也會變得相當純熟。一步一步腳踏實地去練習吧。

學會賦予意義之後，無論是無意識往往會忽略的事，還是討厭的事，都能從中察覺機會與收穫。即使因爲非常討厭的事而裹足不前，也能轉念成「喔！機會來囉，該怎麼賦予意義呢？」而開始興奮不已。這正是開拓人生的生存技巧。

3 技巧③：篩選

篩選技巧是從每天發生的諸多事件中，挑選出對自己重要的事，排出優先順位。

雖然第三章以後還會再說明一次，不過在每日回顧裡，需要從那天發生的事情中，篩選出想回顧的事情來反思。

週回顧則是從一整週的紀錄裡，篩選出前三名來回顧。

爲什麼篩選技巧這麼重要呢？

因爲資訊量越多，人會越迷惘，沒辦法

好好下決定。

有個現象叫作「果醬法則」，意指商品種類越多，越無法下決定「購買」的情形。在果醬法則的實驗裡，曾在超市測試放了六種果醬跟二十四種果醬，並觀察人們在試吃後的購買狀況。結果發現放了六種果醬時的購買量，竟然比放了二十四種時多了十倍。

換句話說，當選項越多，人們反而會迷惘，無法做出選擇。

我們生活在資訊爆炸且容易迷失的時代，這是人類首次面對的處境。舉個例子，像是健康資訊裡就會出現吃早餐比較好、還是不吃比較好；不吃碳水化合物比較好、還是吃比較好等之類的資訊流竄。你說不定也曾思考過「究竟哪個才對」。

不光是資訊，生活方式的選項也變多了。要從事哪個工作？要不要結婚？

租房還是買房？遠距工作還是去公司？有這麼多選項的話，光是選擇就很辛苦。

在資訊量大、容易迷失的時代，先刻意篩選，讓自己方便做決定，是件重要的事。

所以，趁每週回顧時，訓練一下篩選技巧吧。

對自己來說，什麼才是重要的？每週持續問自己這個簡單的問題，優先順序就會日漸浮現，要做重大決定時就容易多了。

增進篩選技巧，還有另一個優點。

明白自己的優先順序，就會豎起注意力天線，幫自己蒐集相關資訊，還能瞬間做出後續反應。

「買了輛紅色汽車後，突然在意起路上的紅色汽車。」

「生了小孩後，開始會注意到別人的小孩，誤以為這世上多了好多小孩。」

這些情況稱爲RAS（網狀活化系統，Reticular Activating System）效應。
豎起注意力天線後，你對資訊就會變得很敏感，更容易注意到相關資訊。

4 技巧④：關聯

關聯技巧，是從發生在自己身上的事，找出下一步該如何進行的關聯性。

發生在自己身上的事，會牽動下一件事發生。

比如說，本書已經是我出版的第四本書了。我寫的第一本書是《Instagram行銷入門》，能出版完全是因爲偶然的機緣。

當時我工作的公司部門裡，有位已經出版過二十幾本書的女性轉職來這裡，成爲我的新同事。因爲是第一次遇到有這種經驗的人，驚訝的我不經意地問了她：

「我也可以出書嗎？」

這個問題只是一時興起，順口問的。沒想到她竟然回我：

「可以啊。」

（嗯？我可以嗎？眞的假的？）

我從來沒想過自己能寫書，所以她的回答讓我嚇了一跳。此時，我第一次遇見「搞不好能寫本書」的可能性。信以爲眞的我，那天晚上在筆記本上寫了：

・**山田小姐也說我可以出書。**

遇見新的可能性之後，興奮不已的我再次跑去求教，結果山田小姐竟然引介出版社給我！當時 Instagram 行銷在日本仍默默無名，因爲這個機緣，讓我得以寫出一本關於 Instagram 行銷的書。

關聯

如果沒有這個經驗，我的人生裡應該就不會出現「成爲作家」的選項了，當然第一本書也不會問世。

事情就像這樣，一環接著一環發生。

讓我們重新再整理一次，看看整件事是怎麼銜接、環環相扣的。

在徵才活動中招募到一位新同事進公司。

↓

新同事是個寫過好幾本書的人。

↓

試著問她，就算是我也可以出書嗎？

↓

結果我眞的出書了。

↓ 接著因為想寫只有自己才寫得出來的內容，還有能幫助他人的內容，所以辭職了。

↓ 把至今實踐過的筆記方法整理成書，出版《意義筆記：一天寫下三個機會，就能看見前進方向》。

↓ 收到很多讀者回覆：「寫很簡單，反思很難。」

↓ 決心寫一本專門介紹「反思筆記」的書。

↓ 出版《反思筆記》。

只要錯過其中一個環節，這本書就不會出現。

蘋果創辦人賈伯斯在他知名的演說中說過：「人生就是連連看。」這句話的意思是，「人生就像連連看，把每件事連在一起，最終會抵達預料之外的未來。」

可是，活著的我們卻不知道哪件事會如何連結到下一件事。

實際上，回顧筆記後才明白，每件事並非以漂亮的直線相連。事件的關係線糾纏在一起，有些關聯出乎意料，有些關係線不只一條。如果沒有記下來，根本看不出來哪些事是如何相連的。

因此，需要在筆記本上寫下來，用自己的雙眼來確認這些關聯。

觀察關聯有個好處。

日本傳統民間故事〈稻草富翁〉說明了關聯的重要性，這裡就用這個故事來解說。

〈稻草富翁〉的故事，從主角向觀世音菩薩許願，祈求「讓自己變幸福」開始。

主角許願後，佛堂裡的菩薩突然顯靈，告訴他，「離開佛堂後，請珍惜你最先撿到的東西。」主角離開後，撿到了一根稻草。因爲這根稻草，主角在旅程途中換到了橘子，又用橘子換到了布匹，接著用布匹換到了一匹受傷的馬，最後用馬換到了一棟房子。

我認爲這個故事是將稻草或房子當成隱喻，告訴人們，小事情也有可能成爲契機，帶我們通往意想不到的未來。話說回來，透過觀察現實中出現的關聯性，到底會發生什麼好事呢？

練就看出價値的「好眼力」

讓〈稻草富翁〉主角展開旅程的，是「撿到一根稻草」。掉在路旁的一根稻草跟垃圾沒兩樣，撿起這根稻草的當下，把它看成「一根普通的稻草」也情有可原。不過，最後換到一間房子時，才明白是一根稻草爲自己帶來重要的契機，對稻草的看法也會變成，「原來那根稻草不是普通的稻草，而是黃金稻草！」藉由看到相連後的結果，才能開始看到「一根稻草」背後的價值。

先前談過我出版第一本書的過程，在「遇見新進部門女同事」的時間點上，我還不知道這件事的價值。可是，在我出書、徹底改變人生之後，才明白那位女同事是爲我開啓新世界大門的人。

回顧筆記時，可以回溯出每件事是如何相連的。**即使以前沒看出來，透過回溯每件事的關聯，也可以學習如何看穿每件事背後的價值或可能性，鍛鍊自己的眼力。**所謂的價值不單是經濟上的，也包含之前的際遇、學習到新知、挖掘自己的可能性等。從筆記中找出關聯，好好鍛鍊眼力吧。

看見小關聯讓人滿心感謝

毫不起眼的小事透過日後的環環相連，大大改變自己的人生。如同〈稻草富翁〉主角的際遇，其實也發生在我們的人生之中。當然，即使你沒有寫筆記也會發生，可是很多人都只會記得「得到一間房子」這種印象深刻的大事，卻忘了一開始的契機是「一根稻草」，或是忘記有個願意用橘子換那根稻草的人。不知從什麼時候開始，我們只記得自身的努力跟辛勞，甚是認爲一切都是自己的功勞。

若能重讀筆記，就會回溯到一開始的「一根稻草」，也不會忘記它的存在：原來有個默默幫助自己的意外人物在，或是痛苦的糾紛成爲大幅改變人生的契機。我們可以藉由重讀筆記看見這些微小或複雜的關聯，親眼目睹自己的人生是由壯闊的關係線串聯而成。這個過程應該會漸漸讓自己充滿感謝的心情，成爲一段感動的體驗。

5 技巧⑤：抽象化

反思筆記中的抽象化技巧，是指統整出自己的特色及取向，或是對事情的新發現及教訓。

這世上對抽象化的定義千奇百樣，最具代表性的應該是「將多數歸納統合」。

比方說，現在有竹筴魚、鮪魚、秋刀魚、扁魚，該如何統一稱呼呢？應該就是「魚」了吧，這就是抽象化。

不只是名詞，像是「搗麻糬」「給壓歲錢」「寫新年目標」之類的行爲，可以經由抽象化統整爲「日本新年習俗」。

還有人認爲，「所謂抽象化是思考的一種方法，從目標中挑選出重要因素、須著重的要素或是共通要點之後，排除其他內容的方法。」

你身邊有沒有會統整要點、讓事情更好理解的人呢？

「簡單來說，是這樣嗎？」

能夠這樣總結的人，是擅長抽象化的人。毫不猶豫地剔除事情裡的枝葉，用好理解的詞彙統整出本質的能力，就是抽象化技巧。

反思筆記，即是要從每天寫在筆記上的具體情況裡，毫不猶豫地剔除枝葉，找出枝幹或是藏在最深處的根柢。

抽象化

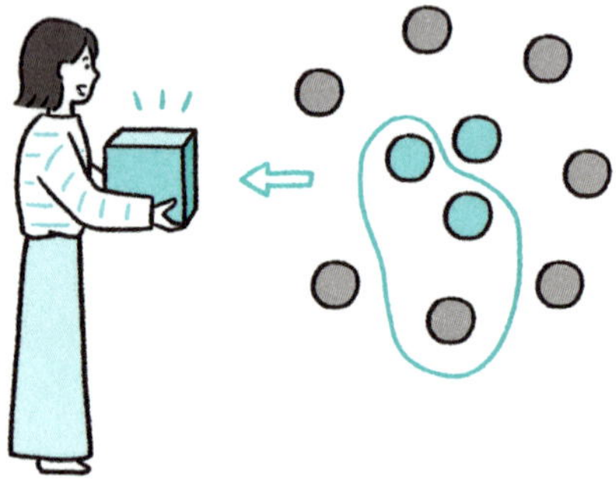

在回顧中運用抽象化技巧，即可做到下列事項。

將「有物」轉化為文字

寫反思筆記，是要找出自己的「有物」，而將它文字化的，正是抽象化技巧。有物是指自己的興趣、專長、珍惜的緣分、思考及行爲模式，以及藏在模式背後的信念（或是既定觀點）、期望等。這些有物位於內在，肉眼無法看見，文字化之後就能更了解自己。

把新發現或教訓應用在其他狀況

學會抽象化技巧後，每一個具體經驗都不再只是經驗，從中學習或發現到的東西都能應用在其他狀況中。

例如，跟某人之間的對應方式，可以應用在其他人身上。

以前在職場上有個很情緒化的人，他有自己的正義標準，只要有人觸犯到，就會怒不可遏，一發不可收拾。經歷過好幾次這種狀況的我，爲了讓他冷靜下來，曾幫他整理資訊，也分享其他觀點，仍無法阻止他暴怒。

經過好幾次的嘗試，我了解到在那個人冷靜下來之前，不管做什麼都於事無補。同時發現，這個教訓不只適用在他身上，也能應用在其他人身上，「當人們陷入情緒之中，邏輯毫無用武之地，需要做的只有等待。」我成功地把這個教訓抽象化了。

如同上述將教訓統整之後，經驗就不會只是經驗，還能應用在其他狀況中。

在商業場合中，抽象化技巧也非常重要。有個名爲卡茲管理知能階段模型（Katz's Management Skills Model）的理論，標示出每個管理階級所需的能力比例。這個模型顯示，當階級越高，概念能力（將事物概念化、抽象化的能力）就變得更爲重要。

越需要做出重要決定的管理階級，越需要剔除枝葉，掌握本質。

有很多方法可以訓練抽象化，而本書的反思技巧，屬於把自己經歷過的所有事情當作材料來訓練的方法。比起其他素材，這些材料更能讓自己認眞思考，是鍛鍊抽象化技巧最有效的方法。

卡茲管理知能階段模型

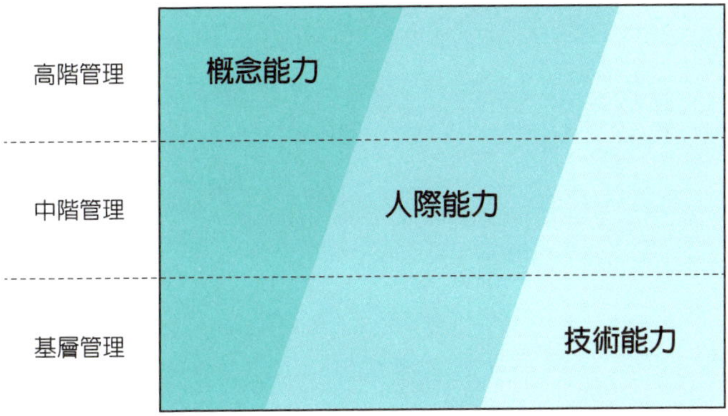

出處：Robert Katz, Skills of an effective administrator, Harvard Business Review, 1974

不過，因爲抽象化沒有正確答案，很多人都覺得很難，甚至擔心「這樣對不對」而感到不安。因此，我會在第四章介紹許多關於抽象化技巧的例子。

6 技巧⑥：具體化

反思筆記中的**具體化技巧**，是指讓自己構思到足以採取行動。

如果你總是很難付諸行動，或許不是因爲意志薄弱，只是比較不擅長具體化技巧。不少人在學會具體化之後，突然變成能夠立刻行動的人。

用反思筆記鍛鍊具體化技巧，就能讓行動的速度升級。

先來看看沒有好好具體化的例子吧。

具體化

某一年，我在筆記本上寫下，「想在漂亮的地方工作度假！」

可是兩年過去了，這個願望都不曾實現。

這個願望沒提到什麼時候要去？漂亮的地方是哪裡？要住幾晚？預算有多少？什麼都沒有具體寫出來，所以很難付諸行動。

因此，我把這個願望具體化了一下。

「想在三月第一個週末，到箱根的溫泉旅館，以預算五萬日圓來個三晚的工作度假。」

這樣就變得很具體了吧。具體到這種程度之後，不但可以直接安排進行事曆，也比較好找住宿，若要開始行動也變得更簡單。

假如覺得自己「沒有行動力」「最近沒什麼變化」，就把想做的事具體化，鉅細靡遺到立刻就能開始行動的程度。

具體化還有另一個優點。

就是幫助自己確認：這件事眞的是自己想做的事情嗎？

在抽象狀態下，無法確認是不是眞的想做這件事。一直認爲這是「自己想做的事」，在腦海中規畫了好幾次，卻從未採取行動，還會責備自己「我做不到」。

具體化的過程中，有時會察覺到，「嗯？我也許沒那麼想做這件事？」透過發現自己的眞心，就能找到眞正想做的事。

話說回來，在剛剛提到的工作度假例子中，我也在具體化的過程裡，發現自己眞正的想法是，「去泡溫泉工作度假喔……等退休後再做吧。」因此，我重新思考其他更讓我期待的計畫。

「八月花三週去朋友旅居的歐洲，來個工作度假吧。」在具體化這個想法時，我第一次感覺到自己很期待。不只如此，我的心情已經超過期待，光是想到就讓我超級興奮。要做什麼好呢？要去哪裡？要怎麼度過每一天呢？在那瞬間，想具體化的細節一下子接二連三地出現，而爲了順利成行，我也開始思考需要花多少錢、該如何調整工作等事項。

結果，我決定的具體內容爲「去巴黎長期工作度假兩個月」。這才是最讓我期待的計畫。我從大學就一直很嚮往「住在巴黎」，因此具體化才得以實現。

反思過程中，需要用抽象化技巧來找出自己的興趣或期望，再盡可能地具體化，付諸行動。交替使用抽象化和具體化技巧，效果會更好。

7 技巧⑦：換副濾鏡

最後來說個比較深的話題。

思考發生在自己身上或是關於自己的事情時，每個人的看法都不同。即使經歷的是同一件事，有人覺得是好經驗，也有人認爲是壞經驗。

只要回顧筆記，就可以釐清自己爲什麼會有這種看法或感受，還有培養出自我認知及主觀的根源是什麼。

爲了讓這個觀點更好理解，以下以濾鏡爲比喻來說明。

①了解自己正戴著濾鏡

前提是，我們每個人都戴著「自己的濾鏡」在看每一件事。

「半杯水」是個有名的例子。當你人在沙漠，手上的水剩下半杯的時候，你的感受是什麼呢？

有人會覺得，「太好了！還剩半杯！」也有人會覺得，「好可惜，只剩半杯。」

此時，唯一的事實是水還有半杯。但是每個人都透過不同的濾鏡在看事情，大家的看法都不一樣，有人覺得是好事，也有人覺得很可惜。

濾鏡會決定對事情的看法。

如同戴著藍色鏡片的濾鏡時，所有東西看起來都是藍色的。如果戴著「反正好事不會發生在自己身上」的濾鏡，一切看起來就會像「好事不會發生」。

換了副濾鏡之後，即使看的是同一件事，看法也會出現變化。你可能聽說過得知死期將近的人，面對至今從未認真看待的日常生活，會覺得一切看起來都如此可貴。

我們透過濾鏡觀察的，不僅僅是對外界發生的事的看法，對自己本身亦然。有人覺得自己是天才，也有人覺得自己是傻瓜，每個人的看法都不一樣。

雖然人人都戴著濾鏡，**可是因爲濾鏡是透明的看不見，大多數的人都忘記自己戴著濾鏡。這樣的話，會認爲大家的想法都跟自己一樣。**

這個想法大錯特錯。

要戴哪種濾鏡看事物，端看那個人的人

換副濾鏡

生哲學，也是他的生活方式。

總之要先理解，無論是誰都戴著自己特有的濾鏡在看每件事。

②了解配戴的濾鏡種類

即使了解自己戴著濾鏡，也很難察覺戴的是到底哪一種濾鏡。

因此，才推薦大家善用反思筆記來回顧事情。

筆記本裡的紀錄，是把自己的想法及行爲蒐集在同一處的資料庫。只要回顧這個資料庫，就能看清自己的思考及行爲模式，因而察覺自己戴的是哪種濾鏡。

M是一位公務員，他在工作時若是被問到進度，或是聽到有人給建議，就會非常難過，而且這種狀況一直重複發生。因爲只要有人對他的工作說了點什麼，他就會感覺到對方認爲自己是沒有能力完成工作的人。腦袋裡非常明白對方只是因爲好心才出口指點，但還是會在瞬間陷入「好難過」「對方可能覺得我沒能力」的想法中。

M透過反思筆記，思考自己爲什麼會有這種感覺，發現自己戴著某副濾鏡。

一副名爲「所有事都只能自己完成」的濾鏡。

因此只要過程中聽到別人說了什麼，就會覺得對方認爲自己是「無法獨立完成工作的廢物」。

若是不了解自己戴著哪種濾鏡，思考及行爲模式就會一直重複。所以重要的是，先去了解自己戴的是哪一種濾鏡。

③換副新濾鏡

話說回來，我們是在哪裡開始戴上濾鏡的呢？

幫我們戴上濾鏡的，是家庭、學校或公司等自己隸屬的團體組織以及社會。「這是件好事喔」「太好了，很開心耶」「這時候可以生氣喔」之類關於如何看待事情的觀點，正是我們接受的其中一種教育。

這時候戴上的濾鏡，深受時代的影響。例如，以前的電視節目會把性別弱勢者當成笑柄，現在的濾鏡則認爲這種做法「不對」，針對性別弱勢的歧視或偏見也因此越來越少見。

我們就是從父母、老師或社會幫我們戴上濾鏡的那一刻起，開始戴濾鏡的，因此很多人絲毫沒有自覺，就這樣生活著。

現在要告訴你非常重要的事，那就是我們可以自己更換濾鏡。換濾鏡不但沒有年齡限制，還可以一直研磨濾鏡。

養成反思、回顧的習慣之後，等到技巧①到技巧⑥越變越熟練，就可以逐漸學會換濾鏡的技巧。

來說一個因持續回顧筆記而發生改變的故事。上班族M那時剛換工作，卻一直被上司職權騷擾，每天都過得很痛苦。總是聽到「爲什麼連這種事都做不好」的否定評語，每天加班，連睡覺時間都變少，還很害怕又要被上司說什麼。

因爲每天都以上司的想法爲優先，據說他連可以有自己的想法都忘記了。漸漸地，他再也聽不到自己的心聲。就在這時候，他開始培

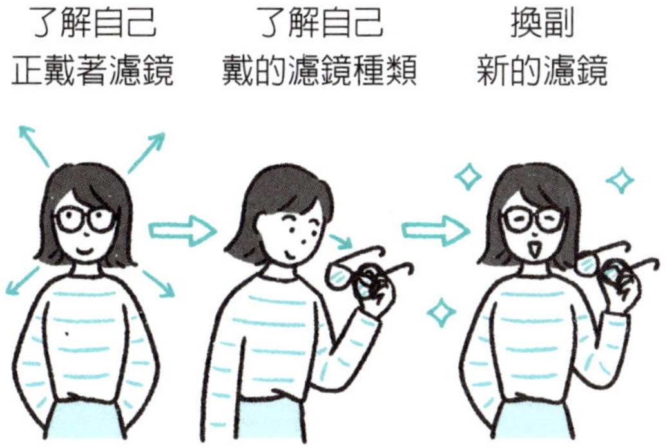

養反思的習慣。

某天，M在重新看筆記時，發現自己寫了這些事。

・朋友對我說，「你是不是想表現啊？」或許我可以直接表現自己。

・認知到自己是個愛表現的人。想要為某個人而有所表現。這就是我。

M原本就是喜歡思考、表達自己想法的人。可是因爲每天都過著看上司臉色的生活，不知不覺失去表達想法或意見的能力了。

「我想要有所表現！而且我可以表現自己！」對M來說，這個發現是引發行動的第一步。

接著，M開始找回「我也是應該被好好對待的人，我也可以做選擇」的感覺。

這時候的筆記寫著以下這些話：

・**日本女作家 Jane Su 說得好！想要當自己喜歡的自己，還是活得像自己，都由自己決定。**

・**想好好重視 A 說的「我就是自己的老闆」。**

反思筆記讓 M 慢慢聽見自己的心聲，終於成功幫自己換了副濾鏡。

一直以來，M 都以爲自己會受職權騷擾的折磨，都是那個上司的錯。當然這個想法並沒有錯，可是，M 在深度思考之後，發現是下列的想法，才讓自己繼續留在那個上司的手下工作。

- **或許我內心深處認為，「承受這種惡劣對待也沒關係。」**
- **選擇繼續待在上司身邊工作的是自己。**
- **不讓自己採取行動的就是自己。**

那個瞬間改變了M的認知濾鏡。

從那時候開始，M的行動速度一口氣變快了。他先向公司檢舉上司，後來才知道那個人以前就做過不少有問題的行爲。公司也覺得這是個問題，把上司調到別的部門了。

另外，因爲M想做自己想做的工作，而他原本就對拓展開發中國家市場有興趣，開始去接觸正在做該業務的人，也著手規畫新事業計畫。

實際行動之後，得到很多人針對新事業計畫的正面回應，讓M在筆記上留下這些話：

・A跟B告訴我，「沒有正確答案。這是件好事，你就試試看吧。」

・有人跟我說，「沒問題，你想做的事是這個社會需要的事。」

・公開新事業計畫之後，反應比想像中的好。

行動之後，得到很多正面回應，讓M找回自信，認爲「說不定我眞的做得到」。這個情況讓他變得更積極，開始邊工作邊參加研究所的計畫，還被選爲班長，他的處境一下子完全改變。

現在的他通過青年海外協力隊的甄選，正在從事讓開發中國家新事業計畫得以實現的行動。

・沒有人阻止我的行動。

・只要不讓自己踩煞車，我就能做到任何事。

對M來說，這個發現讓他找回人生的主控權。

靠自己成功更換濾鏡的經驗，能讓自己感到渾身有勁，充滿自信。尤其是一直戴著別人戴上的濾鏡過生活的人，甚至會有種奪回人生主角地位的感覺。

當這套反思方法成爲習慣之後，可以察覺到自己在日常中戴著哪種濾鏡，並爲自己準備一副新濾鏡。**換濾鏡的瞬間，一定是個讓你對世界的看法一下子改變，充滿感動的經驗。**

照自己的想法決定要戴哪副濾鏡生活吧，反思筆記可以幫助你找到喜歡的濾鏡。

好好理解這七個反思技巧了嗎？

只不過，頭腦理解跟實際做到是兩回事。

從下一章起，一起運用三種回顧表格來反思吧。

第 3 章

每日回顧

1 準備每日回顧表格

每日回顧是回顧一件觸動內心的事情的方法。

每日回顧，大致上分成步驟①及步驟②兩階段來進行。**以兩階段進行的做法是每日回顧的關鍵。**在步驟①裡寫的事，會在步驟②重新冷靜觀察一次，以此產生新的觀點。

首先，準備一張與左頁一樣的表格。這個表格的欄位很重要，如果要自己畫表格的話，欄位一定要與左頁一模一樣（上「圓神書活網」〔www.booklife.com.tw〕搜尋本書，可免費下載所有表格。另外，本書所附拉頁也有三種回顧表格，可直接剪下來使用）。

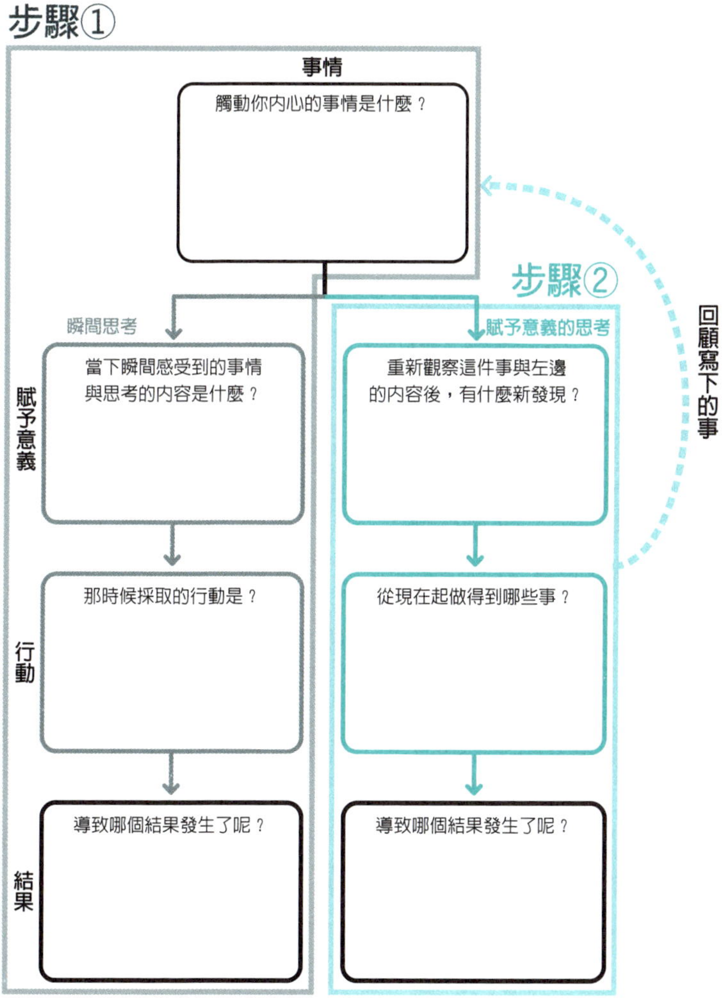
步驟①
事情
觸動你內心的事情是什麼？
瞬間思考
賦予意義
當下瞬間感受到的事情與思考的內容是什麼？
行動
那時候採取的行動是？
結果
導致哪個結果發生了呢？
步驟②
賦予意義的思考
重新觀察這件事與左邊的內容後，有什麼新發現？
從現在起做得到哪些事？
導致哪個結果發生了呢？
回顧寫下的事

2 每日回顧・步驟①
如實寫下實際發生的事及感受

❶選擇並寫下一件觸動內心的事情

選擇一件觸動內心的事情，寫在欄位❶裡（請參考左頁圖示）。

觸動內心的事情可以是正面的，也可以是負面的。

寫下這件事時，要運用「區分技巧」。不要摻雜自己的主觀（自己的想法、感覺）或評論（好或壞），只要寫出實際上發生的事實。來看看以下的範例吧。

例

○因為部門成員在工作上出錯，他必須要在部門例會上對所有人報告此事。

×因為部門成員在工作上出錯，他必須要在部門例會上對所有人報告此事，我不知道如何應對才好。

在欄位❶裡寫進主觀或評論的話，會讓自己陷入單一看法。為了重新冷靜觀察這件事，一定要在欄位❶裡寫下單純發生過的事實。先把事情寫過一遍，如果發現

步驟①

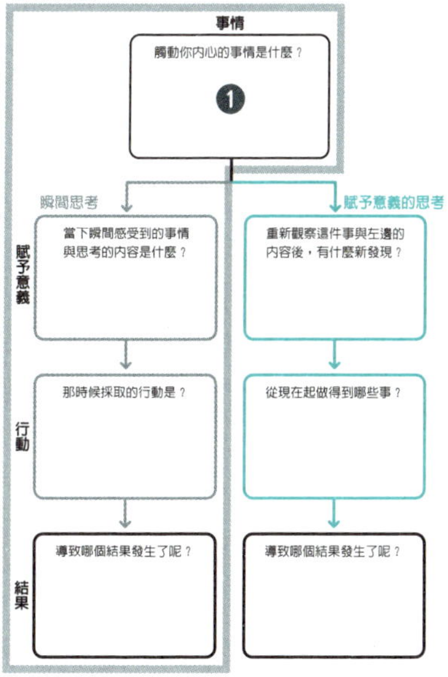
事情
觸動你內心的事情是什麼？
1
瞬間思考
賦予意義的思考
賦予意義
當下瞬間感受到的事情與思考的內容是什麼？
重新觀察這件事與左邊的內容後，有什麼新發現？
行動
那時候採取的行動是？
從現在起做得到哪些事？
結果
導致哪個結果發生了呢？
導致哪個結果發生了呢？

裡頭包含主觀或評論，就改寫到接下來要解說的「瞬間思考」欄位吧。

❷寫下「瞬間的想法及情緒」

面對這件事時，有哪些突然想到的事或感受呢？

把自己的想法或情緒毫無修飾地寫在欄位❷裡吧。

暫時放下社會化的自己，無視「不能寫這種事吧、會不會太過分」之類的想法，把腦中或心裡浮現的事直接寫成文字。如果在這裡寫下像是乖寶寶般的違心之論，會讓自己停止思考，無法深度回顧。總之，**重要的是寫下真心話**。

例

①【事情】因為部門成員在工作上出錯，他必須要在部門例會上對所有人報告此事。

②【瞬間想法及情緒】雖然曾猶豫身爲組長的自己該如何應對才好，但我決定要以嚴厲的態度回應這件事。

步驟①

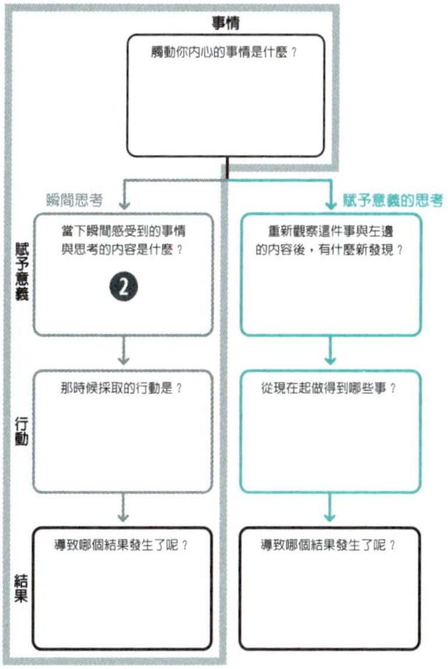
事情
觸動你內心的事情是什麼？
瞬間思考
賦予意義的思考
賦予意義
當下瞬間感受到的事情與思考的內容是什麼？
2
重新觀察這件事與左邊的內容後，有什麼新發現？
行動
那時候採取的行動是？
從現在起做得到哪些事？
結果
導致哪個結果發生了呢？
導致哪個結果發生了呢？

真心話很重要的原因

寫下眞心話之所以重要，是因爲眞心話是了解自己的重要線索。寫下眞心話，**可藉此看出躲在背後的期望或既定觀點。**

只要找出真心話，內心會浮現某種舒暢感，得以進入下一步來觀察自己。如果沒有浮現舒暢感，反而有種彆扭、覺得還有話沒說出口的感覺時，代表還有真心話藏在心裡。

這階段的重點是，無論如何都要把所有真心話寫下來。

寫完真心話以後，請想像自己把真心話放在手心，然後仔細觀察。不需要肯定或否定它，單純只是像觀察別人一樣看著它就好。

「喔～原來有這種感覺啊」「喔喔，原來是這樣想的啊」，有如發現新品種的香菇一樣，用新鮮的感受觀察自己的情緒。

很難將情緒文字化時

如果很難把情緒轉化成文字，可以參考美國心理學家羅伯特・普拉奇克

（Robert Plutchik）提出的情緒分類表：「情緒環」。

普拉奇克的「情緒環」，將基本情緒反應分成八種（喜悅、信任、擔心、驚訝、悲傷、厭惡、生氣、期待）。

如花瓣般從中心向外延伸的圖樣，意味著情緒反應的強度，越往內越強，反之越弱。

另外寫在花瓣間的情緒，是由相鄰的基本情緒組合而成的混合情緒（愛、服從、畏懼、失望、

普拉奇克情緒環

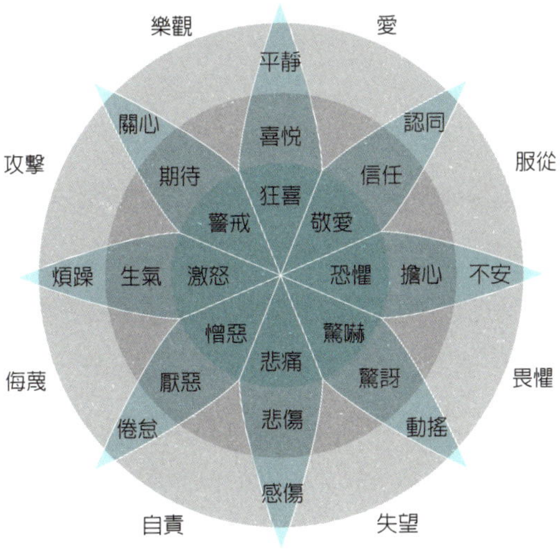

出處：Plutchik's Wheel of Emotions-2017

自責、侮辱、攻擊、樂觀）。

不知道情緒該如何表達時，可以從這個分類中選出最接近自己情緒的反應。

假如擁有多種情緒時，請選出多個情緒反應。有時候會像「我感到開心又悲傷」一樣，感覺到看起來很矛盾的多種情緒。

❸寫下「做出哪種行動」

如果當下有所行動，請寫在欄位❸裡（沒有的話，保持空白就好）。

例

①【事情】因為部門成員在工作上出錯，他必須要在部門例會上對所有人報告此事。

②【瞬間想法及情緒】雖然曾猶豫身為組長的自己該如何應對才好，但我決定要以嚴

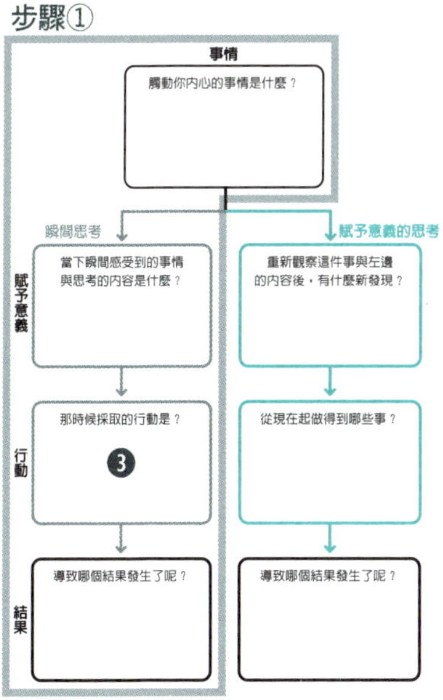

步驟①
事情
觸動你內心的事情是什麼？
瞬間思考
賦予意義的思考
賦予意義
當下瞬間感受到的事情與思考的內容是什麼？
重新觀察這件事與左邊的內容後，有什麼新發現？
行動
那時候採取的行動是？
❸
從現在起做得到哪些事？
結果
導致哪個結果發生了呢？
導致哪個結果發生了呢？

厲的態度回應這件事。

③【行動】擺出嚴肅的表情，聽出錯成員的報告。

❹寫下事情的結果

如果行動之後有結果，請寫在欄位❹裡（若沒有任何事情發生，留白也沒關係）。

例

①【事情】因為部門成員在工作上出錯，他必須要在部門例會上對所有人報告此事。

②【瞬間想法及情緒】雖然曾猶豫身為組長的自己該如何應對才好，但我決定要以嚴厲的態度回應這件事。

③【行動】擺出嚴肅的表情，聽出錯成員的報告。

④【結果】出錯的成員相當沮喪，自己也思考過擺出組長架子是否正確。

步驟①

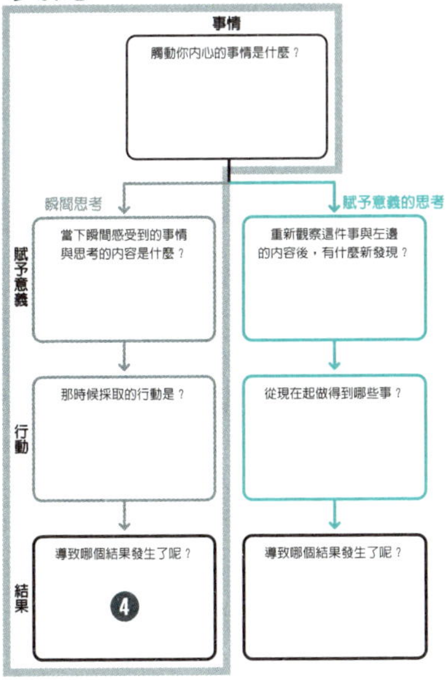
事情
觸動你內心的事情是什麼？
瞬間思考
賦予意義的思考
賦予意義
當下瞬間感受到的事情與思考的內容是什麼？
重新觀察這件事與左邊的內容後，有什麼新發現？
行動
那時候採取的行動是？
從現在起做得到哪些事？
結果
導致哪個結果發生了呢？
4
導致哪個結果發生了？

3 每日回顧・步驟②回顧寫下的內容

運用左頁的步驟②欄位，回顧在步驟①裡寫下的事情。

❶寫下賦予意義思考的結果

❶－A 寫下重新觀察那件事之後的新發現

請再看一次寫在步驟①「事情」欄位裡的內容，重新思考會不會有不同的見解或是否有新發現。比起當下的瞬間思考及情緒，你應該可以稍微冷靜地觀察這件事。不只是從你的觀點來觀察，也要從對方或第三方的觀點來檢視，讓自己觀察的視野再寬廣一點。將察覺到的事寫在欄位❶—A中。

例

❶—A【賦予意義】

重新觀察這件事後，發現每個人都有可能發生人爲疏失。而且這次出錯的成員一直都很努力，很少出錯。

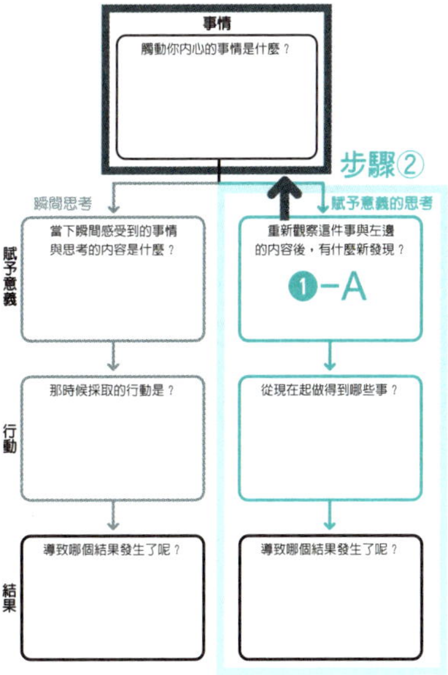

事情
觸動你內心的事情是什麼？
步驟②
瞬間思考
賦予意義的思考
賦予意義
當下瞬間感受到的事情與思考的內容是什麼？
重新觀察這件事與左邊的內容後，有什麼新發現？
❶−A
行動
那時候採取的行動是？
從現在起做得到哪些事？
結果
導致哪個結果發生了呢？
導致哪個結果發生了呢？

1－B 寫下重新觀察自己之後的新發現

再看一次寫在步驟①「賦予意義」「行動」、「結果」欄位裡的內容，有沒有察覺到什麼新發現呢？

請參考下列三個問題，仔細思考看看。

·爲什麼會有這種眞心話呢？
·自己的期望究竟是什麼呢？
·有其他做法嗎？

若覺得自己的眞心話是個大發現，請把這個發現寫下來。因爲眞心話裡藏著線索，可以了解自己的期望是什麼。

例

❶—B【賦予意義】當下我突然覺得，「擺出嚴厲態度」才是當組長的正確做法，可是心裡也想著，「我也很期待他之後有所表現，不會因爲一次失誤就失去對他的信任。」如果我除了事實，也可以把心情一起告訴他就好了。

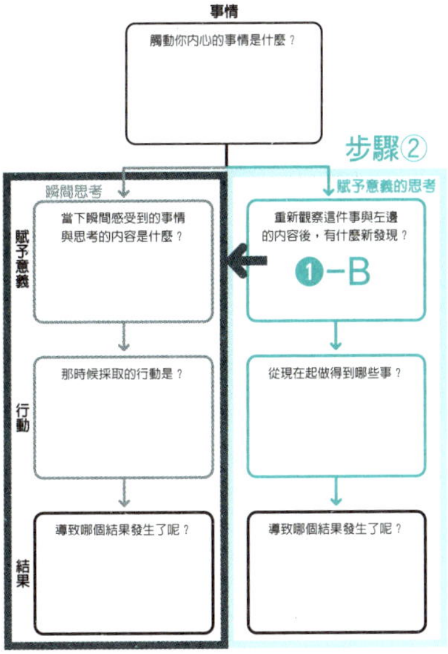

事情
觸動你內心的事情是什麼？
步驟②
瞬間思考
賦予意義的思考
賦予意義
當下瞬間感受到的事情與思考的內容是什麼？
重新觀察這件事與左邊的內容後，有什麼新發現？
❶-B
行動
那時候採取的行動是？
從現在起做得到哪些事？
結果
導致哪個結果發生了呢？
導致哪個結果發生了呢？

不要淪為表面的反省

賦予意義思考的重點，就是不需要任何並非出自眞心、標準乖寶寶的反省，這些反省完全沒有意義。

明明不打算這麼做，卻有人會寫下「我之後會特別小心，不再犯錯」「每個人都有優點，要試著注意別人的好」之類像是標準例句的反省。

就算能寫出自己一點都不認同的內容，也不會讓行動有所變化。**這種表面的反省會讓自己停止思考，也是回顧時最大的天敵，會讓反思變得很無趣。我們寫的反思筆記不是爲了給別人看才寫的，完全不需要寫粉飾過的內容。**

佛列德．柯薩根（Fred Korthagen）教授爲了培育教育人士，開始研究更有意義的反思（回顧）。他提倡將反思分成五個步驟來進行的「ALACT模式」*，指出「教育實習生及年輕教師通常會從『回顧行爲』，直接跳到『新增做法』，很容易在表面上反省後，選擇實施新教學技巧」。

柯薩根教授指出，不要從回顧行爲突然跳到新增做法，重要的是「察覺各型態的本質」。如果沒有察覺各型態的本質，即使跳到新增做法這個步驟，也無法選出適合自己的做法。

在每日回顧中，也絕對不會只回顧行爲本身，而是會在步驟②的欄位❶裡，重新回顧事情、賦予意義、行動、結果等一連串的流程，接著在每個流程中尋找新發現，讓自己覺察到更深層的發現。

只不過，發現是好是壞，很難靠自己來判斷。因此，希望各位特別重視自己的認同感。

「的確是這樣，說得沒錯。」請一直文字化到自己認可爲止。

＊譯註：ALACT模式，是指行動（Action）、回顧（Looking back on the action）、覺知（Awareness on essential aspect）、創造（Creating alternative methods of action）、嘗試（Trial of alternative action）。

今天思考的過程中，若是可以到達「到目前爲止都能認同」的階段，就可以拿滿分了。

四 別硬要樂觀看待

另一個要留意的重點，就是無論怎麼想都是「壞事」的時候，不用勉強自己硬是要把那件事看成「好事」。假如是爲了讓自己從別的觀點來觀察，相當推薦試著以「如果其實是件好事的話」來思考，但不是要大家洗腦自己「要把它看成是件好事」。

例如聽到同事說自己壞話，爲此很受傷，就不需要硬是說服自己「這是個成爲不被人說壞話的人的機會」，硬要樂觀看待會自我折磨，變成避免去反思的原因之一。

當自己無論怎麼想都覺得是壞事的時候，就把它當成壞事吧，然後再去尋找其中是否有未察覺的新發現。

❷寫下「從現在起」「獨自」做得了的「行動」

接著，在步驟②的欄位❷中，寫下從現在起做得到的行動。

這時要運用「區分」技巧，找出自己做得到的事。

請留意下列兩個要點。

以「從現在起」做得到的寫法來表達

我們無法回到過去，所以要用「從現在起」做得到的寫法來表達。

假設自己忘記買票，而那張票已經買不到了。試著思考，在這種錯過時機的時候該怎麼表達。你的心聲應該是「那時候如果直接買票就好了」，不過我們無法回到過去。下定決心「下次一定要當場買票」，是我們從現在起做得到的事。一定要用從現在起做得到的寫法來表達。

找出「獨自」能做到的事

來找出「獨自」能做到的事吧。

例如，請別人「照這個方法做」，是一件無法確定對方願不願意配合的事，所以不是自己能做到的事。

「拜託看看」「商量看看」則是自己能做到的事。這些事屬於就算不清楚對方願不願意配合，自己也可以實踐的事。

再舉個例子，「得到他人信任」也算是別人才能決定的事，並非「獨自」能做到的事。「爲了得到他的信任，跟他來往時自己要特別細心」「有人拜託我做什麼就立刻去做」之類的事，是自己一個人就能做到的事。就像這些例子一樣，一定要找出「獨自」能做到的事。

例

①【賦予意義】當下突然覺得，「擺出嚴厲態度」才是當組長的正確做法，

可是心裡也想著，「我也很期待他之後有所表現，不會因為一次失誤就失去對他的信任。」如果我除了事實，也可以把心情一起告訴他就好了。

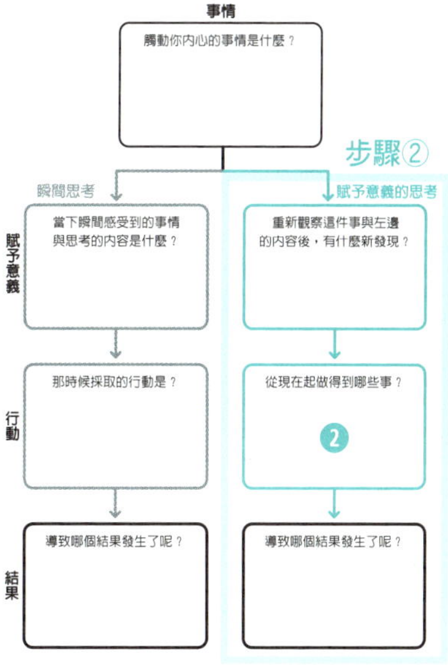
事情
觸動你內心的事情是什麼？
步驟②
瞬間思考
賦予意義的思考
賦予意義
當下瞬間感受到的事情與思考的內容是什麼？
重新觀察這件事與左邊的內容後，有什麼新發現？
行動
那時候採取的行動是？
從現在起做得到哪些事？
❷
結果
導致哪個結果發生了呢？
導致哪個結果發生了呢？

②【行動】從下次起，除了確認事實，也要把自己的心情告訴對方。

❸寫下行動後的結果

如果之後行動有結果，請寫在步驟②的欄位❸裡。

行動之後，一定會出現某個結果。有時會出現不符期望的結果，「什麼都沒發生」也是其中一種。

譬如試著「傳訊息給A」之後，如果沒有收到回覆，「傳訊息之後過了○天也沒收到回覆」就是結果。我們可能從中找到新發現或新教訓，所以即使什麼都沒發生，也要視爲結果並寫下來。

例

① **【賦予意義】**當下我突然覺得，「擺出嚴厲態度」才是當組長的正確做法，可是心裡也想

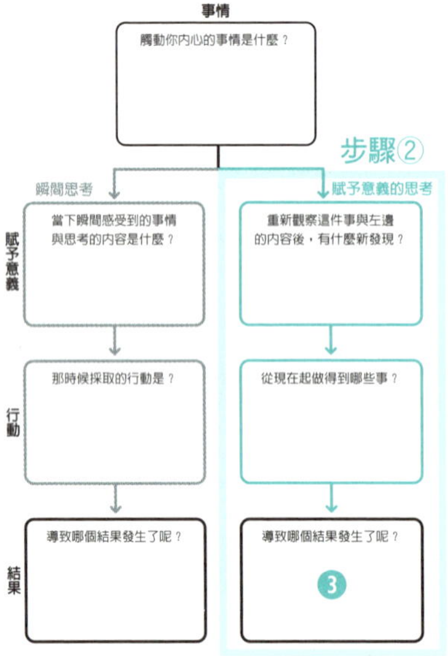

事情
觸動你內心的事情是什麼？
步驟②
瞬間思考
賦予意義的思考
賦予意義
當下瞬間感受到的事情與思考的內容是什麼？
重新觀察這件事與左邊的內容後，有什麼新發現？
行動
那時候採取的行動是？
從現在起做得到哪些事？
結果
導致哪個結果發生了呢？
導致哪個結果發生了呢？
3

著，「我也很期待他之後有所表現，不會因為一次失誤就失去對他的信任。」如果我除了事實，也可以把心情一起告訴他就好了。

② 【行動】從下次起，除了確認事實，也要把自己的心情告訴對方。

③ 【結果】面對成員的糾紛或失誤，再也不會煩惱身爲組長的自己該怎麼做才好。

4 每日回顧範例

團隊氣氛很糟糕的時候，成功找到自己能做的事

【實踐者感想】

最近職場上的團隊氣氛變得很糟糕，讓我非常在意，也經常聽到別人抱怨，即使有好消息傳來，團隊也沒有因此變得很嗨。

雖然我很在意「不太喜歡這個狀況」的感覺，卻不知該如何是好。於是我試著運用每日回顧表格，重新回顧這個感受，想到可以去傾聽成員們積鬱已久的心情，還找到讓團隊氣氛變好的好點子。

試著寫出這個感受後，我才理解到自己其實經常無視「不太喜歡這個狀況」的感受，沒有採取任何行動。

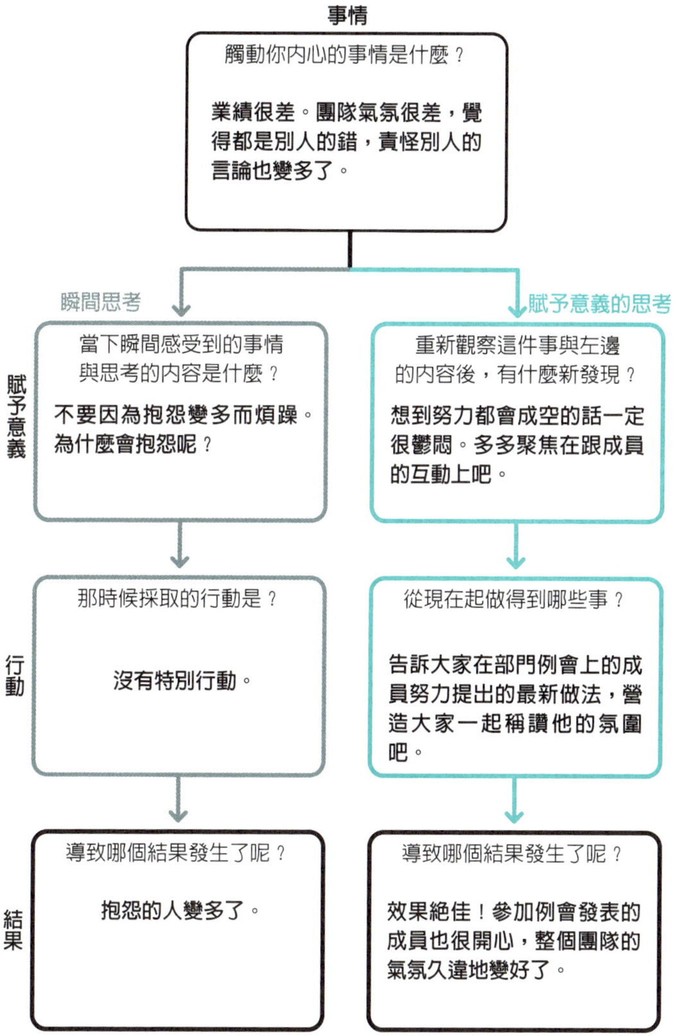
事情
觸動你內心的事情是什麼？
業績很差。團隊氣氛很差，覺得都是別人的錯，責怪別人的言論也變多了。
瞬間思考
賦予意義的思考
賦予意義
當下瞬間感受到的事情與思考的內容是什麼？
不要因為抱怨變多而煩躁。為什麼會抱怨呢？
重新觀察這件事與左邊的內容後，有什麼新發現？
想到努力都會成空的話一定很鬱悶。多多聚焦在跟成員的互動上吧。
行動
那時候採取的行動是？
沒有特別行動。
從現在起做得到哪些事？
告訴大家在部門例會上的成員努力提出的最新做法，營造大家一起稱讚他的氛圍吧。
結果
導致哪個結果發生了呢？
抱怨的人變多了。
導致哪個結果發生了呢？
效果絕佳！參加例會發表的成員也很開心，整個團隊的氣氛久違地變好了。

因為沒人回覆我而感到寂寞，從中發現內心深處的想法

【實踐者感想】

我試著回顧在某論壇裡留言、卻沒人回覆的狀況。

在寫步驟①的時候，再次感受到「好寂寞」「好哀傷」的情緒，同時也發現自己好像有種放棄了什麼的心情，覺得「本來就沒人會回我」。對我來說，這三種心情常常出現，我卻總是忽略。

等到寫步驟②的時候，我發現了讓自己大吃一驚的事情。別人覺得我是凡事都無所謂且漫不在乎的人，不過我其實是「鼓起勇氣才去做」的人。如果我抱著輕佻的心情留言，應該就不會這麼沮喪了。正因爲是鼓起勇氣留言的，沒人回覆才讓我備受打擊。我終於了解內心深處的想法了。

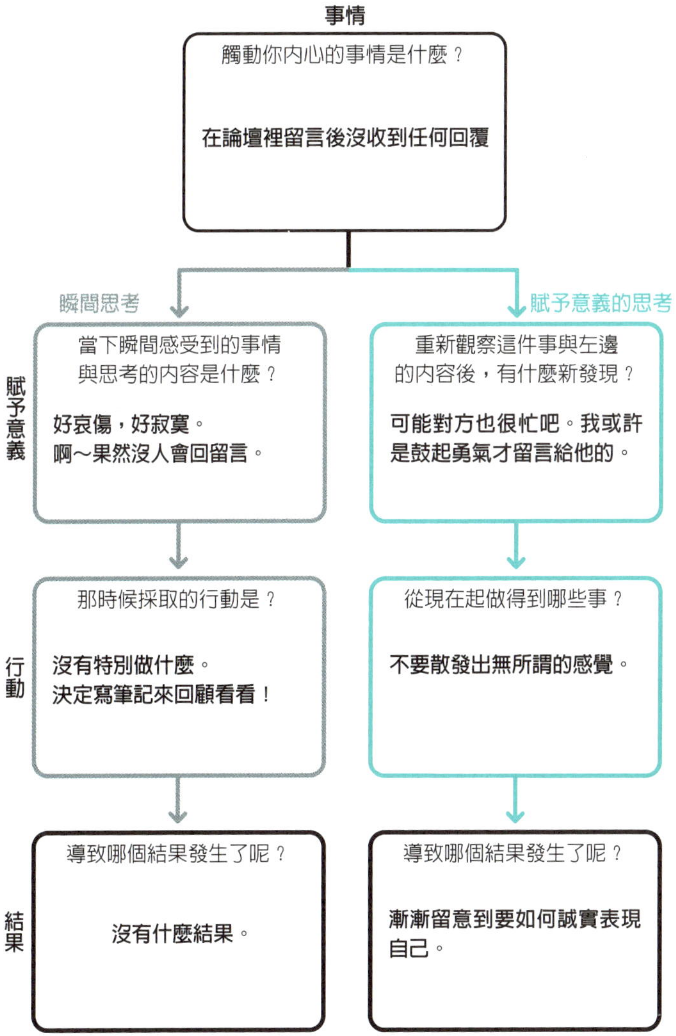
事情
觸動你內心的事情是什麼？
在論壇裡留言後沒收到任何回覆
瞬間思考
賦予意義的思考
賦予意義
當下瞬間感受到的事情
與思考的內容是什麼？
好哀傷，好寂寞。
啊～果然沒人會回留言。
重新觀察這件事與左邊
的內容後，有什麼新發現？
可能對方也很忙吧。我或許
是鼓起勇氣才留言給他的。
行動
那時候採取的行動是？
沒有特別做什麼。
決定寫筆記來回顧看看！
從現在起做得到哪些事？
不要散發出無所謂的感覺。
結果
導致哪個結果發生了呢？
沒有什麼結果。
導致哪個結果發生了呢？
漸漸留意到要如何誠實表現
自己。

看到大家得知我將轉調的反應，決定日後要更審愼，不要說出自以為是的言論

【實踐者感想】

我在公司已經轉調過十二次了。對我來說，轉調到外地工作可以住在新的地區，是很開心的體驗。可是，每次收到調動令之後，大家都一副遺憾地對我說，「眞的很辛苦耶。」「好不容易才習慣這裡的。」每次聽到這些話，都讓我心裡有疙瘩。我明明很期待，爲什麼大家都要對我說這種話呢？不過，一一回覆「沒有很辛苦啦」也很奇怪，所以我當下總是敷衍地回應，「嗯嗯，對啊。」

仔細回顧之後，我知道對方只是簡單打個招呼，沒有任何惡意。那爲什麼我會感覺很差呢？我了解到自己討厭的是「擅自認爲」的行爲。

我無法更正別人的言論，所以決定要好好注意自己說出的話。比方說，某個人要搬家，我會對他說「我會很寂寞」「下次去找你玩」之類的心情。

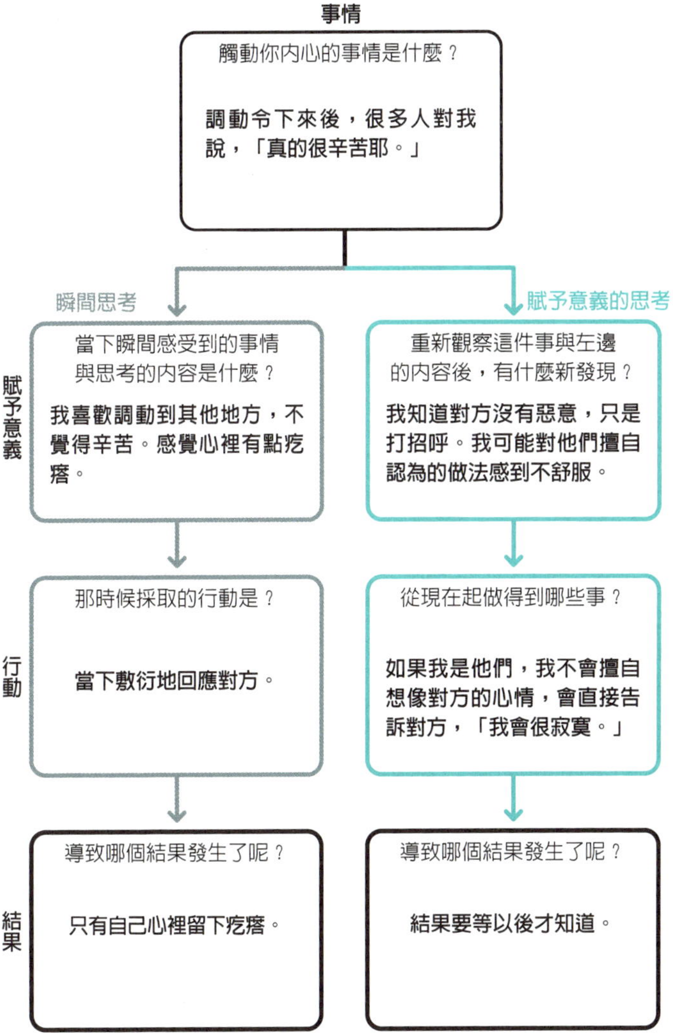
事情
觸動你內心的事情是什麼？
調動令下來後，很多人對我說，「真的很辛苦耶。」
瞬間思考
賦予意義的思考
賦予意義
當下瞬間感受到的事情與思考的內容是什麼？
我喜歡調動到其他地方，不覺得辛苦。感覺心裡有點疙瘩。
重新觀察這件事與左邊的內容後，有什麼新發現？
我知道對方沒有惡意，只是打招呼。我可能對他們擅自認為的做法感到不舒服。
行動
那時候採取的行動是？
當下敷衍地回應對方。
從現在起做得到哪些事？
如果我是他們，我不會擅自想像對方的心情，會直接告訴對方，「我會很寂寞。」
結果
導致哪個結果發生了呢？
只有自己心裡留下疙瘩。
導致哪個結果發生了呢？
結果要等以後才知道。

成功用言語表達自己想以哪種方式工作

【實踐者感想】

我在父親經營的建設公司裡跟他一起工作。但爸爸生病了，於是我回顧起自己思考工作該如何繼續才好的那段時期。

突然聽到客人對我說，「你家的公司不會有問題的。我很信任你們。」讓我重新察覺到，「啊，我們家公司接得到工作，是因爲大家都很用心在看待我們。」

爲了繼續跟高齡的父親一起工作，我開始考慮乾脆不要仔細檢查，改以「全權交給師傅處理」的方式工作會不會比較好，也跟父親討論過這件事，但我發現自己很討厭這個做法。

以現實面來看，父親年事已高，必須要找出可以輕鬆繼續經營的方式，而我成功地用言語表達自己的心情，想延續至今深獲客戶信賴的方式經營下去。我決定要珍惜這個心情，繼續思考今後的經營方向。

事情

觸動你內心的事情是什麼？

客人告訴我，「你家的公司不會有問題的。我很信任你們。」

	瞬間思考	賦予意義的思考
賦予意義	當下瞬間感受到的事情與思考的內容是什麼？ **重新體悟到我們公司是藉由「客人的信任」接到工作的（因為幾乎是回頭客）。**	重新觀察這件事與左邊的內容後，有什麼新發現？ **只做代理業務的建設公司雖然日漸增加，但我不喜歡這個工作方式。**
行動	那時候採取的行動是？ **沒有特別行動。**	從現在起做得到哪些事？ **接下父親的建設公司時，想跟爸爸說，我想以客人覺得「因為是你，才想交給你處理」的方式經營下去。**
結果	導致哪個結果發生了呢？ **沒有特別結果。**	導致哪個結果發生了呢？ **結果要等以後才知道。**

5 透過每日回顧累積心理資本

當你覺得心裡有疙瘩，或是想改善某個情形時，請試著寫每日回顧。可以排解掉心裡的疙瘩，讓難以平復的頭腦與內心一下子恢復平常心，找出該如何行動的方向。

在商業場合中，也很重視讓內心保持良好狀態的技巧。

從經營觀點來看，哪種人是有價值的公司資源（人力資源），一直都是熱門話題。據說期望從人力資源中獲得的資本，隨著時代出現了以下變化。

經濟資本：擁有哪些？

↓

人力資本：知道哪些？

↓

社會關係資本：認識誰？

↓

心理資本：心理狀態是否樂觀？

近年成爲焦點的心理資本，聚焦在人內心強度的資本。是否有能力讓內心保持良好狀態，成爲重點所在。重要的是人有沒有資質，足以在發生預料之外的事或無法預測的狀況中，還可以繼續維持良好的內在狀態。在變化多端、不安跟壓力也很大的時代，心理資本變得更加重要。

關於內心強度，至今都認爲是個人要處理的問題，鮮少認爲是跟公司有關。可是在這個無法預料未來的時代，心理狀態出問題的商界人士越來越多，公司該如何加強員工的心理資本，成爲重要的經營課題。

今後，不只公司會更積極實施加強員工心理資本的制度，實踐培養心理資本方法的人也會越來越多，正念與日誌都是其中一種方法。在這之中，反思筆記中的每日回顧，也是一個人就能進行的簡單方法。如果有想要解決的狀況，歡迎試著寫下來。

第 4 章

週回顧及月回顧

1 準備週回顧及月回顧表格

週回顧跟月回顧，是以每日回顧爲基礎來回顧事情，因此需要每天寫下紀錄。

週回顧

週回顧要使用填寫每日紀錄（左頁圖的右欄）及一週回顧（左頁圖的左欄）的表格。

在右欄寫上每日紀錄。詳情會在之後介紹，主要是從一天內影響到內心的事情中選出三件事，以「事情＋賦予意義」的形式填寫。

寫完七天後，以四個步驟回顧。

週回顧表格

(左)		(右)
	4/24 星期一	
	4/25 星期二	
	4/26 星期三	
	4/27 星期四	
	4/28 星期五	
	4/29 星期六	
	4/30 星期日	

準備一週一頁的表格
在右邊寫下每日紀錄
左邊用來進行週回顧

月回顧

月回顧是將週回顧表格中寫在右邊的三十天紀錄，重新閱讀一次後，再回顧一次。這時候使用的是把一年的紀錄集中在一頁裡「月回顧」的表格（請參考209頁），再以兩個步驟回顧一個月的紀錄。

建議使用Ａ５筆記本

反思筆記本，推薦選用Ａ５尺寸。並不是非Ａ５不行，只不過用比Ａ５更大的筆記本會讓資訊量過大，回顧起來很辛苦；用比Ａ５更小的筆記本又會因爲可書寫的地方太少，讓反思淪爲表面。

可自行在空白或方格筆記本上畫線，製作表格，或使用每週格式的市售行事曆。

我發覺找到自己喜歡的筆記本，能讓培養反思習慣變得更簡單。請找出會讓自己興奮雀躍的筆記本吧。

2 寫下每日紀錄

爲了進行週回顧或月回顧，記得要好好留下每日紀錄，寫在週回顧表格裡的右半邊。如果你已經在寫日記，或者是每天都有留一些筆記，可以繼續用這些方式記錄，不一定要改成接下來推薦的方式。

我推薦的記錄方式，如下。

首先，在一天中選出三個影響內心的事件。

影響內心的事情，無論是正面或負面的都無所謂。請依循內心是否受到影響來挑選。

接著，把這三件影響內心的事情，以「事情＋賦予意義」的形式填寫。不要只寫下事情，重要的是找出這件事的意義。假如只寫出「開了專案會議」「跟朋友A去吃飯」之類的內容，就會變成流水帳，即使回顧也沒有新發現。該如何看待那件事？在哪方面有什麼發現？寫下這些內在聲音，回顧時就會多了些新發現。如果沒有發生什麼事，只是想到一些點子、興起一個想法或決心的話，把這些聲音寫下來就好。

接著，來看看填寫事情與賦予意義時的書寫重點吧。

事情的寫法

首先，一定要寫下人名、書名、地方名稱等相關特定名詞。特定名詞是在回顧時喚起回憶的材料。

尤其人名特別重要，若事情牽扯到其他人，一定要把名字寫下來，以此釐清誰是關鍵人物。

另一個重點是，內容要寫得很具體。譬如，聽到某人說的一句話，深受感動，就要把那句話寫下來。假如只是寫成「○○的話讓我好感動」，而沒有寫下那句感動的話，回顧時就想不起來了。

賦予意義的寫法

請寫下運用賦予意義技巧之後，從那個事情裡發現的「新發現」「教訓」「決心」「好處」或「預感」。

來看看以下的例子。

【新發現範例】在H離職那天，告訴他我的心情後，他回我，「你可以早點跟我說啊。」我以為他討厭我，所以刻意跟他保持距離。希望我以後能誠實面對自己的心情後再行動。

【教訓範例】看到我的部下A在指導新人，覺得自己還有很多要學習的地方。再次覺得無論對方是不是我的部下，我還有很多要從別人身上學習的地方。

【決心範例】回想起R曾經對我說，「要好好珍惜自己的人生。」在公司的轉調意願表上誠實寫下想辭職吧。遲遲不行動的話，什麼都不會改變。

【好處範例】旅行時，飯店的日本庭園好棒。日本庭園可愛又漂亮，讓我心頭雀躍不已！我喜歡蓊鬱的大自然！

【預感範例】職場上有人對我說，「希望你不要再走來走去了，莫名添亂。」一開始覺得話怎麼可以這樣說，我也在努力啊。但即使遇到這種讓人難過的事，我也一定可以讓事情往好的方向走。

反思筆記的內容只有你會看，不用在意別人的眼光。你可能會寫下偉大的夢想，或是複雜難解的內心世界，也可能是超級浪漫的事。就算是擔任社會上各種角色的人，也只有在面對筆記本的時候，能暫時卸下這些面具，自由自在地書寫吧。

偶爾會遇到有人跟我商量，他「寫出來的東西都很無趣」。請對方讓我看看筆記的內容，發現他們大多只寫出「好感動」「好開心」「好棒」之類很粗略的感想。

乍看之下，很難從中找到新發現，不過若持續累積紀錄，就能找到自己究竟會因為什麼感動的共通點，或是會注意到哪些事等興趣所在。重要的是累積紀錄，所以一開始與其增進每次記錄的品質，不如先專心培養寫紀錄的習慣。

當記錄變成習慣之後，還想要更進一步，就請把自己的內在聲音更加仔細地轉化為文字。

譬如讀書之後很感動，就試著寫出「哪一段特別感動」「心情上有哪些變化」。若是跟同事關係很好、很開心，「哪種關係可以說是關係好呢」「為什麼我覺得跟他關係很好呢」之類，更深度思考一下。光是做到這種程度，寫出來的內容就會一下子變得更有深度。

3 了解週回顧的全貌

來參考一星期的紀錄，以四步驟進行週回顧吧。

步驟① 篩選出最重要的三件事
步驟② 找出關聯，畫關係箭頭
步驟③ 抽象化
步驟④ 具體化

步驟①②要寫在做每日紀錄的右邊，步驟③④寫在左邊。

（右）

4/24 星期一	✓ 只有日本才有的優點是什麼呢？體驗、氛圍、精神方面。想把這些內容文字化。 ✓ 與澳洲商工會議所的人見面。對方是個很棒的女性。很想跟他們一起合作個什麼專案。 ✓ 我在公司裡的角色是什麼呢？有點在意。
4/25 星期二	✓ 高村送我手環，說是上週主辦領導者工作坊的謝禮。很開心。 ✓ 跟櫻井吃晚餐。「與眾不同是件好事。」他要我珍惜與眾不同的地方。 ✓ 江藤幫我想出部門媒體的架構了。很期待！
4/26 星期三	✓ 更新IG。繼續保持，不要讓更新頻率下降了。 ✓ 下個月有4個人要離職。開始著急自己是不是也該做點什麼！ ✓ 跟小澤吃午餐。感覺之後會舉辦研討會。
4/27 星期四	✓ 平岡跟我說，「因為你辦的領導者工作坊，讓我的行動改變了。」 ✓ 我要在全公司會議上分享領導者工作坊的事。都是大家口耳相傳的結果。 ✓ 從小川身上得到啓發。想快點培養好習慣。從早起開始吧？
4/28 星期五	✓ 阿友做的蔬果昔（奇異果、蘋果、酪梨）看起來好好喝。來做做看。 ✓ 石山拜託我為學生演講。我要講得盡興。 ✓ 麻里說，「我想留學！」看他這麼努力，真的很厲害。
4/29 星期六	✓ 拿到腳踏車了！超喜歡白色的！來解決運動不足的狀況吧！ ✓ 「Full Out，用盡全力！」真是句好話。 ✓ 在英語課上拿到的分數比想像中還好，搞不好可以升到下一級。一點一點做很重要。
4/30 星期日	✓ 騎著腳踏車從澀谷→六本木→青山。超舒服的！ ✓ 為了拍IG用的內容到青山陶藝教室上課。讓我腰痛了。一個小時是極限。 ✓ 爸爸媽媽幫我送便當來。感謝。

(左)　　　　　　　　　　（週回顧　範例）

【一步步持續的能力】
我每天持續做的兩件事終於成功了！
不僅更有自信，也很開心自己有進步。今年也要繼續！
· 英語
· 更新IG

【工作坊是我的一生志業】
上週舉辦的領導者工作坊大受好評！
高村跟平岡都留下了很棒的評語，讓我得到在全公司會議上分享的機會
舉辦工作坊搞不好是我的強項？

【在公司的角色讓我有點介意？】
跟離職者談話後，讓我開始著急。
說不定現在是思考下一步的好時機。
為了用詞彙更具體地表達我「擅長」的內容，下週問問看小幡的建議好

培養出反思的習慣之後，大概五到十分鐘就會結束。如果想更仔細，可以試著花三十分鐘回顧。建議不要花太多時間，因爲要是開始覺得反思很辛苦，就很難培養成習慣了。與其堅持每一步都要做到完美，不如每週留點時間「回顧自己的紀錄」。請在做得到又不勉強的範圍內持續進行。

反思的日子一久，就會越來越深入。請回想第一章介紹的樹木比喻：會先看到樹葉，接著是樹幹，最後才是樹根。不會一下子就看到樹根，不要著急，慢慢養成習慣吧。

請把反思想成跟健身一樣，每天簡單花五分鐘，一步步把健身培養成生活習慣，一定會比每個月進行一次重訓更能鍛鍊肌肉。

利用每週之類的定期頻率來反思、回顧，慢慢養成習慣吧。

4 週回顧．步驟①「篩選」出一週最重要的三件事

若每天寫三個，一個星期就能累積到二十一個。請從二十一個事件中，選出那一週最重要的三件事。

每週都「篩選」一次，能漸漸釐清自我的優先順序，下決定時會變得更容易，行動的速度也會變快。

尤其現在資訊量相當大，容易迷失其中，不知道究竟哪些是重要的訊息。要考慮這個，還要考慮那個，頭腦當機的情況應該也不少。

這跟個性無關，是這個時代才會出現的問題。透過每週釐清內心的重要內容來篩選考慮事項，會讓思緒變得更清晰。

不要想太多，順從直覺選擇就好。也不要光看事情大小來決定，要專注在寫下的意義，這就是你內在的聲音。有時，即使事情不大，也可以從中發現不錯的結果。

就算覺得很難選擇，也請用「正在訓練自己」的角度，放輕鬆決定看看。這個過程絕非「做決定＝

4/24 MON	✓ 只有日本才有的優點是什麼呢？體驗、氛圍、精神方面。想把這些內容文字化。 ✓ 與澳洲商工會議所的人見面。對方是個很棒的女性。很想跟他們一起合作個什麼專案。 ✓ 我在公司裡的角色是什麼呢？有點在意。
4/25 TUES	✓ 高村送我手環，說是上週主辦領導者工作坊的謝禮。很開心。 ✓ 跟櫻井吃晚餐。「與眾不同是件好事。」他要我珍惜與眾不同的地方。 ✓ 江藤幫我想出部門媒體的架構了。很期待！
4/26 WED	✓ 更新IG。繼續保持，不要讓更新頻率下降了。 ✓ 下個月有4個人要離職。開始著急自己是不是也該做點什麼！ ✓ 跟小澤吃午餐。感覺之後會舉辦研討會。
4/27 THUR	✓ 平岡跟我說，「因為你辦的領導者工作坊，讓我的行動改變了。」 ✓ 我要在全公司會議上分享領導者工作坊的事。都是大家口耳相傳的結果。 ✓ 從小川身上得到啓發。想快點培養好習慣。從早起開始吧？
4/28 FRI	✓ 阿友做的蔬果昔（奇異果、蘋果、酪梨）看起來好好喝。來做做看。 ✓ 石山拜託我為學生演講。我要講得盡興。 ✓ 麻里說，「我想留學！」看他這麼努力，真的很厲害。
4/29 SAT	✓ 拿到腳踏車了！超喜歡白色的！來解決運動不足的狀況吧！ ✓ 「Full Out，用盡全力！」真是句好話。 ✓ 在英語課上拿到的分數比想像中還好，搞不好可以升到下一級。一點一點做很重要。
4/30 SUN	✓ 騎著腳踏車從澀谷→六本木→青山。超舒服的！ ✓ 為了拍IG用的內容到青山陶藝教室上課。讓我腰痛了。一個小時是極限。 ✓ 爸爸媽媽幫我送便當來。感謝。

步驟①

篩選出重要的三個事項後，做個記號

無法更動」，決定後也可以再更動。

「嗯？好像不太對。」感覺不太對勁時，只要修正就好。只有在做出決定後，才能確定自己是「很認同」，還是「有點不太對」。

感覺到不對勁並非壞事。請把它想成一個溫柔的聲音，正親切地告訴你，「也許不是這個喔？」

無法下決定的人，大多都誤以為「某處有正確答案」。

本書也提醒很多次了，沒有所謂的正確答案。硬要去對照根本不存在的答案，當然會越來越不知道該怎麼做。

你心目中的重要事項，只有你才能決定。繼續反思、回顧，就能讓感覺越來越清晰。

最後，要介紹某位創業家告訴我的一句話。

「自己選擇的路，就是正確答案。」

做決定時，有可能會感到不安、擔心，「另一條路比較好的話，怎麼辦？」「後悔的話該怎麼辦？」可是無論選擇哪條路，只要靠自己讓這個決定變成正確答案就好。這句話裡就蘊含這種意義。

養成習慣，每週篩選出對自己來說重要的三個事項，就能慢慢成爲連做出重大決定也難不倒的人。

5 週回顧・步驟②找出「關聯」，掌握脈絡

每天做紀錄，會發現有些事彼此相關，或是內在想法促成某個事件發生。回顧紀錄，找找看每件事之間是否有某種關聯。

可是找出關聯之後，有什麼好處呢？可以期待以下兩個結果。

找到專屬自己的成功法則

找到關聯之後，請探討促成這段良好關係的原因爲何。

例如，是自己的哪個行動或心態很好？有關鍵人物嗎？還是一切所需正好

到位？找出自己專屬的成功法則。這樣一來，即使在別的場合、置身其他狀況，也可以活用自己的成功法則。

而且關聯不會單純只是偶然，還可以主動促成下一段好關係。

重新省視關聯中的各個事件，增進察覺機會的能力

回顧自己的紀錄，就

4/24 MON	✓ 只有日本才有的優點是什麼呢？體驗、氛圍、精神方面。想把這些內容文字化。 ✓ 與澳洲商工會議所的人見面。對方是個很棒的女性。很想跟他們一起合作個什麼專案。 ✓ 我在公司裡的角色是什麼呢？有點在意。
4/25 TUES	✓ 高村送我手環，說是上週主辦領導者工作坊的謝禮。很開心。 ✓ 跟櫻井吃晚餐。「與衆不同是件好事。」他要我珍惜與衆不同的地方。 ✓ 江藤幫我想出部門媒體的架構了。很期待！
4/26 WED	✓ 更新IG。繼續保持，不要讓更新頻率下降了。 ✓ 下個月有4個人要離職。開始著急自己是不是也該做點什麼！ ✓ 跟小澤吃午餐。感覺之後會舉辦研討會。
4/27 THUR	✓ 平岡跟我說，「因為你辦的領導者工作坊，讓我的行動改變了。」 ✓ 我要在全公司會議上分享領導者工作坊的事。都是大家口耳相傳的結果。 ✓ 從小川身上得到啓發。想快點培養好習慣。從早起開始吧？
4/28 FRI	✓ 阿友做的蔬果昔（奇異果、蘋果、酪梨）看起來好好喝。來做做看。 ✓ 石山拜託我為學生演講。我要講得盡興。 ✓ 麻里說，「我想留學！」看他這麼努力，真的很厲害。
4/29 SAT	✓ 拿到腳踏車了！超喜歡白色的！來解決運動不足的狀況吧！ ✓ 「Full Out，用盡全力！」真是句好話。 ✓ 在英語課上拿到的分數比想像中還好，搞不好可以升到下一級。一點一點做很重要。
4/30 SUN	✓ 騎著腳踏車從澀谷→六本木→青山。超舒服的！ ✓ 為了拍IG用的內容到青山陶藝教室上課。讓我腰痛了。一個小時是極限。 ✓ 爸爸媽媽幫我送便當來。感謝。

步驟②

用箭頭標出關聯性

能看出其實有無數小事在背後累積，才得以有結果，或是某個出乎預料的事情成爲重要關鍵等。

「奇怪？我原本以爲這事沒什麼特別，卻很重要呢！」「沒想到這個事情就是轉捩點！」**學會整理關聯性之後，就能修正對每件事的認知。**

當下悲觀看待的事，沒想到之後連結到預料之外的好事。這種情況經常發生。

像是工作上的失敗引發許多問題，卻因此大幅改善服務品質，讓自己今後能提供更好的服務。

回顧關聯性來重新審視事件，鍛鍊自己找出機會的好眼力吧。

找出關聯的方法

找出關聯的方法，有三種類型。

首先是擁有直接因果關係的關聯。

例 **跟朋友約好了→跟朋友見到面了！**

例 **訂了一本書→收到書了！**

例 **向客戶提案通過了→收到訂單了！**

接著是間接因果關係的關聯。

間接關聯會展現出獨特的特色，非常重要。

假設「如果有時間享受喜愛的閱讀時光，我就能對家人好一點」。從外人看來，有時間享受閱讀時光，跟對家人好一點好像完全無關，可是對本人來說卻很有關聯。

像這種間接的因果關係，可以從中找到只有自己才能發現的關鍵。

例 沮喪到谷底→反而變得無所謂，能大膽行動。

例 跟憧憬的A說到話了→得以努力度過這一週。

有時也會遇到看起來沒有因果關係，不可思議的關聯性。

例 去掃墓了→陸續傳來好消息。

例 聽到「運氣差的時候就裝死」的說法，試著在諸事不順時什麼都不做→運氣慢慢回來了。

人生會出現意想不到的關聯。

我剛出社會工作時，研修過程裡有個成果發表日，必須要在約一百人的面前發表演說。那是我第一次在這麼多人面前講話，真的覺得很討厭。不僅討厭被別人盯著看，也很害怕大家的反應。總之變得很憂鬱，甚至希望那天不要來。

到了發表日當天，輪到我演說時，我盡可能不太過招搖，不管怎樣平穩地講到最後。結果，沒有收到什麼特別的回饋，好或壞的評價都沒聽到。這個結果讓我覺得很無聊，開始後悔，「是不是把那件事也拿來講比較好……」

當我還在糾結這件事情時，與我同期進公司的同事趁休息時間，默默來到我身邊，跟我說：

「我眞的很喜歡你的聲音，眞的很棒。」

嗯，聲音？你注意到的是那點嗎？我完全沒注意過自己的聲音，至今也沒有人稱讚過，所以同事的話讓我相當驚訝。但在同一時間，對於一直以來閃躲的「在人們面前說話」這件事，我在那瞬間也開始有了點自信。

之後，我的行爲有了變化。只要有「在人前說話」的機會，我會盡可能把握。我變得能在部門演說、全公司集會、研討會等各種場面上侃侃而談。

如今，在人們面前演講成爲我的工作。而那時候同事的那句話，現在仍是我最後的心靈靠山。

事情發生的當下，根本無法看出日後會如何發展，真的讓人摸不著頭緒。可是只要從未來往回追溯，就能看出其中的關聯性。

一封電子郵件帶來的自信

這是從事技術類工作的M的經歷。

M所屬的部門正要轉換到新跑道。爲此，M開始尋找學習新技術的方法，結果找到了一本非常有趣的書。這本書由獲得國家表揚的作者撰寫，用沒經驗的人也能了解的方式，介紹技術相關的艱深內容，讓M讀得非常感動。M查詢之後，才知道作者已經退休，不再是大公司的領導者了。

「既然已經退休，說不定會有空檔，希望他能來公司授課！」

M立刻寄了封電子郵件給素未謀面的作者，內容並非只是平淡地敘述他的想法，而是盡可能把看完書後的感動轉達給對方。

之後M收到了回信，對方還爽快地答應到公司授課的邀約。

當初規畫的聽課人數，只有部門裡少少的四個員工，不過那位作者告訴M，「如果是線上教學，聽課的人有幾個都沒問題。」所以M開放讓其他同事報名。沒想到開放後，在公司蔚爲話題，最後參加的人竟多達八十人，讓課程成爲規模龐大的讀書會。

這場讀書會的評價相當好，參加的人都讚不絕口，也因此衍生出額外效應。由於主辦讀書會的是M，公司裡的人都認爲M是該領域的佼佼者，很多人跑來請教他各種問題。

這段機緣的開端，始於因爲讀書後很感動，試著寄信給作者的行動，也成爲M在工作上更有自信的一段經驗。小小的行動，也有可能帶來超越想像的機緣。

6 週回顧．步驟③ 先「抽象化」，再以文字表達自己是什麼樣的人

接著要移動到表格的左邊。

我們要在左邊的表格裡，回顧寫在右邊的一星期紀錄，**找出可以抽象化的事情，再思考該如何具體化。**

先從抽象化開始試試吧。

週回顧的抽象化技巧，是了解自己非常重要的過程，所以我會多介紹幾個例子，仔細解說。

大家應該都在筆記本上，寫著關於工作、家人、興趣、讀過的書等零零散散的各種事情。

要從這些零散資訊中，**找出需要特別觀察的事情，再好好整理。**就算是看起來完全沒關係的事情，也要找出共通點，思考「統整後要如何表達才對」。

話說回來，該著重在哪些事情上，再把它抽象化呢？

步驟③

抽象化

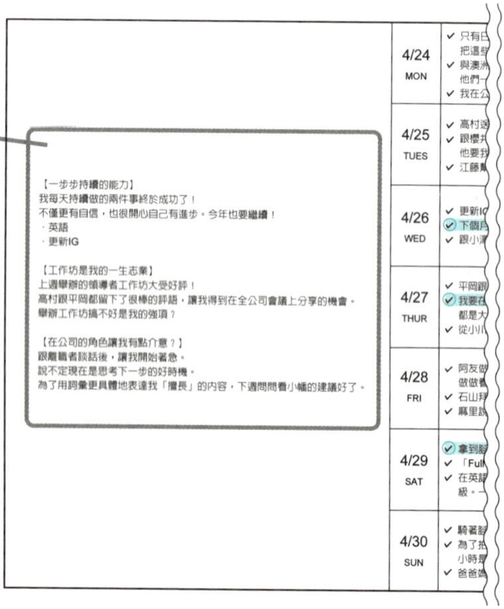
4/24
MON
4/25
TUES
4/26
WED
4/27
THUR
4/28
FRI
4/29
SAT
4/30
SUN
【一步步持續的能力】
我每天持續做的兩件事終於成功了！
不僅更有自信，也很開心自己有進步。今年也要繼續！
· 英語
· 更新IG
【工作坊是我的一生志業】
上週舉辦的領導者工作坊大受好評！
高村跟平岡都留下了很棒的評語，讓我得到在全公司會議上分享的機會。
舉辦工作坊搞不好是我的強項？
【在公司的角色讓我有點介意？】
跟離職者談話後，讓我開始著急。
說不定現在是思考下一步的好時機。
為了用詞彙更具體地表達我「擅長」的內容，下週問問看小幡的建議好了。

請回想第一章提到的樹木對照圖。

我們會先看到等同於樹葉的部分（自己的狀態、在意的事、重視的人），接著慢慢看到樹幹（興趣、強項、思考及行爲模式），最後抵達樹根（形成這些模式的信念、既定觀點或期望）。

我會分成八個項目，逐一舉例說明，但是不需要每週把這八個項目寫出來（請參考下頁圖）。

請把剛開始的三個月，當成看到樹葉的期間，試著回顧①～③。等到過了三個月到半年，漸漸熟悉該如何回顧後，就開始回顧④～⑥。過了半年之後，再試著回顧⑦～⑧。

需要累積回顧、反思的經驗，才能加深抽象化的程度。

尤其樹幹及樹根部分，無法從一個星期內的紀錄就能找到，而是在持續每週回顧的過程中，透過累積回顧的經驗，慢慢察覺到抽象程度較高的內容。

抽象化後才看得到的內容

越往下抽象程度越高

看見樹葉的時期	①自己的狀態 • 這週你的思緒及身心狀態如何？ ②在意的事 • 占去你大部分思緒及內心的事情是什麼？ ③重視的人、貴人 • 你現在有重視的人嗎？
看見樹幹的時期	④興趣 • 你對什麼有興趣呢？ ⑤強項 • 你的強項是？ ⑥思考及行為模式 • 你正在重複哪個模式呢？
看見樹根的時期	⑦形成思考及行為模式的信念和既定觀點（濾鏡） • 形成你的模式的根源為何？ ⑧期望 • 你的期望是什麼？想變成哪種模樣？

①自己的狀態

你這週的狀態如何？

分別專注在思緒、內心及身體上吧。在還沒習慣用文字表達的這段期間，像是「這週有點累」「我這週很努力了」的回顧就已足夠。

察覺自己的狀態，是了解自己的第一步。重要的是先客觀地觀察自己，培養出用文字表達的習慣。

例 **這週感覺工作很順利。放棄時間管理，改用列出待辦事項的待辦事項管理法，或許比較好做事。**

例 **決定要全家去旅遊之後，大家都很開心，精神飽滿地度過這一週。這**

種讓人開心的計畫每年想多規畫幾次。

例 發現每天的紀錄寫法都很死板，沒什麼情緒。也許我的情緒變得很遲鈍，要讓它變得敏銳一點。

②在意的事

有沒有在意的事呢？

讓你在意的事，可能是因爲擔心或糾結之類的負面情緒，也有可能是深受吸引之類的正面情緒。試著把在意的事情化爲文字吧。

例 很在意「腸活」這個關鍵字。來查一下發酵食品好了。

例 經常寫到跟「錢」有關的事。一直覺得考慮錢的事情有點沒格調，但或許我想要好好地考慮一下。

例 在社群媒體上找到劇作家的講座，有點在意。

從經常出現的人名找到壓力源

這是在外商工作的Y的經歷。

那時候，他剛進入新的專案小組，很多事都還不習慣，每天壓力都很大。有時會因爲工作量大增而筋疲力盡，或是跟專案經理不太合拍，有時是身體狀況很差……那個時期各種狀況重疊，連Y都不知道自己爲什麼壓力這麼大。

不過，當他重新看一次筆記之後，漸漸確定自己的壓力源究竟是什麼。Y在筆記上寫了以下內容：

- **很不習慣專案經理的工作方式跟個性。我已經努力不去在意了，仍然覺得壓力很大。他情緒化又高壓強勢，我很努力不受影響。**
- **雖然專案經理又開始情緒化，我卻能保持冷靜。再次覺得自己身為人，**

要好好重視品格。

．跟外部顧問開會。專案經理太過強勢，讓我很不舒服。是時候好好思考離開這個專案的時間點了。

看內容就知道，筆記本的內容多半是跟專案經理之間的小摩擦。短短一週，上司的名字就出現了好幾次。Y藉由客觀回顧筆記，察覺到跟專案經理的關係，正是自己最大的壓力源。

實際上，只要找到造成壓力的元凶，問題就解決了一半。「我要先處理跟專案經理的關係。」Y下定決心，去做能爲自己做到的事。之後Y跟專案經理溝通了好幾次，告訴對方自己不喜歡哪些做法，還有期待的互動關係爲何。據說那位專案經理也比先前更了解Y的工作情況，還大幅改善了態度。

寫在筆記本上，就能看得一清二楚，不過日常生活卻有要考量很多因素的事情，而且每件事都複雜地糾纏在一起，常常連自己也不知道到底在在意什麼。**這時候，筆記就是打破僵局的好幫手，能夠鎖定自己在意的地方。**

③重視的人、貴人

你身邊有重視的人或是貴人嗎？

如果有，請在表格左邊重新寫下那個人的名字，試著用文字表達，爲什麼他對你來說很重要，以及他在你心裡的地位。

人類社會是透過人與人之間的緣分構成的，如果可以找出珍貴的緣分並活用，就能做到光憑一人之力絕對做不到的事。

例 **前公司同事小川跟渡邊，總是在我面臨新挑戰的時候為我加油。真的很感謝他們。以後他們要接受新挑戰時，我也會為他們加油。**

例 在美容院總是很照顧我的石田，讓我在像是放鬆祕密基地的地方，能夠毫無顧忌地說說話、喘口氣。

例 告訴鈴木前輩自己在考慮轉職的事情之後，他願意當我的商量對象。我想起之前我遇到困難時，他也曾立刻伸出援手幫忙。

察覺夥伴有多珍貴

這是結婚十二年，生了兩個孩子，每天忙碌不已的M的經驗。M不知不覺把太太視為理所當然，忘記了對太太的感謝之心。可是，回顧筆記之後，他發現自己寫了很多關於太太的事。

- 午餐發生的事，因為當下是跟太太在一起，自然一笑置之。只要跟她在一起，遇到的意外都能一笑置之。
- 工作、賺錢、守護家庭，我總覺得要一個人承擔，可是現在覺得跟太太

一起努力就好了。重新發現有位值得信賴的夥伴在身邊。

・跟朋友K聊天後，發現是太太在背後鼓勵我，才讓我一直很想去卻去不了的掃墓順利成行。在日常對話中發現，是太太的鼓勵才讓我的想法實現。

翻看之前的筆記，M才發現從太太那裡得到的支持跟協助，比自己想像的更多。發現這一點後，M比以前更在意太太為自己所做的事，也常對她表達謝意。

④興趣

你對哪些事情有興趣呢？

俗話說，「要把喜歡的事當工作。」那是因為，沒有比興趣更強的動力了。

面對感興趣的事，不但會專注到忘了時間，不管有沒有人稱讚或肯定，也都會持續做下去。

正在考慮要不要創業或做副業的人，請先確定自己的興趣，這一定會成爲創業時的重要線索。

面對有興趣的事，大多會自然採取行動，而且不覺得有什麼特別，因此請特別留意、尋找。

例 身邊做副業的人變多了。我也想做個新工作。

例 無論是繪畫、書籍封面還是海報，我在意的都是配色。或許我對配色有興趣。

例 查看追蹤我 IG 帳號的人的頁面，發現對方是整理收納顧問。讓我發現，我對這領域也很有興趣！

發現自己的興趣，轉職到不同的領域

這是從外國語大學畢業後，在翻譯公司或保險代理店擔任過事務工作的Ａ的經驗。Ａ的公司受到疫情影響，經營不善，Ａ因此失業。開始找新工作的Ａ原本都在找跟先前很像的事務工作，沒想到跟平時光顧的餐飲店店長聊過之後，對方竟然問Ａ，「要不要來這裡工作？」

Ａ心想，在找到下一份工作之前，暫時在這家店打工也好。於是開始在這裡工作。

其實Ａ的個性相當溫吞，覺得自己不太適合在動作一定要快的餐飲店工作，所以就連學生時代的打工也不曾做過餐飲業。

可是某天當Ａ回顧筆記時，發現自己寫了很多關於打工的事。

・（客人）Ｔ告訴我，他很開心我送他到門口。雖然只是舉手之勞，卻能讓對方開心，讓我也很開心。

・發現女客人的飲料大多會去冰，好好跟她們確認一下。

・對（客人）N說「謝謝您總是光臨本店」之後，他很驚訝我竟然記得他。如果能在待客上做額外加分的事就好了。

・店長說日本酒想交給我負責。好開心！

原本想說，這只是某天就會離開的暫時工作，卻每天都寫了有關打工的事。

「嗯？搞不好我其實非常喜歡這份工作。」

A看了筆記後，發現自己對餐飲店的打工很有興趣。仔細想想，他不僅喜歡跟客人互動，也喜歡日本酒，說不定很適合這份工作。正當他開始有這個想法時，店長剛好問了他要不要轉成正職。

只不過，餐飲業的工時都很長，薪水也跟以前沒得比。光靠這份開心的心情，眞的能撐下去嗎？雖然他有這些疑慮，不過看到筆記本上寫的內容，感覺自己總是神采奕奕，便鼓起勇氣下定決心轉成正職。

對Ａ來說，這個新工作是「始料未及」的結果。

Ａ從未想過自己還挺喜歡的酒及與人互動，會成為他的工作。發現興趣之後，加速了他的行動。Ａ不只考取日本酒品酒師證照，還想活用擅長的英語，正努力成為國際品酒師。

最近，Ａ在筆記本裡寫下：

·天職似乎是靠有沒有新發現來決定。現在的工作充滿了新發現，說不定是我的天職。

⑤強項

你的強項是什麼呢？

在筆記本裡不需要謙虛。追根究柢，找出你的強項或擅長的事吧。

不用跟別人比較，一定有人比較厲害。不只是你，這個情況也適用於全人類，所以不要想「一定有人比我擅長的話，還可以說是強項嗎」而喪失自信。只要有可能成爲強項的特點就好，如果有，請務必寫下來。我們可以慢慢灌溉，讓它成長茁壯。

譬如，身爲玩家的我，比起完成決定好的任務，我更擅長發想概念，然後告訴大家爲什麼這很重要，接著管理相關事項。這世上比我還會管理的人當然大有人在，但是跟我無關。我只要發揮擅長的特點就好。

一下子找不到強項的人，請找出自己不擅長的事，接著在心裡比較，找出相較之下比較擅長的特點。

假設現在有位不擅長用文字說明的人，可是改用插畫或圖案說明，對他來說一點都不難，而且算是很擅長。發現這點的他，便積極發揮自己的強項。我們也可以從不擅長裡找出強項。

例 客戶K告訴我，「我們公司常發生推翻先前獲准合約的情形，但跟你合作卻一次都沒被退過。」這讓我很吃驚。雖然我總是慎重處理事前說明協議，但說不定這其實是我的強項。

例 大部分的事只要睡醒後就忘了。在現在這個時代，內心強大是重要的強項。

例 已經是第三次有人稱讚我做的資料了。我不討厭在文件資料上費心。多接一些整理資料的工作吧。

發現「得到成就感」是自己的強項

這是在IT公司上班的G的經歷。

有個協助大家找出優勢能力的測驗，叫作蓋洛普優勢（Gallup Strengths Finder）測驗。G的結果中顯示，「成就欲望」是他強項的前五名之一。成就欲望是指，想達成某件事的能力很強大。

他回顧筆記本上的內容，發現得到成就感之後，會以自己爲傲。他的筆記本上寫了這幾句話：

- 規畫好跟客戶調整協商的流程。改好估價單之後傳過去。問了客戶的相關資訊。整理好自己負責範圍內的分工。做好送別會的準備。
- 鼓起勇氣做了該做的事。因為遇到問題，立刻打電話給客戶協調。毫不猶豫地做好該做的事。
- 早上在工作時間開始前，從八點半起專心工作。做好切換工作心態的準備，也整理好工作報告了。因為早上很少有諮詢電話，讓我一鼓作氣做好所有事情。

G在筆記本上寫的，大多是那天工作上做了哪些事，所以他開始思考爲什麼自己會想寫這些事。

結果他發現，在晚上把一整天做完的事情寫出來的行爲，對他來說是得到「成就感」的重要過程。

每個人感覺到成就感的情況都不同，G發現在完成「困難的事」「以前沒做過的事」「麻煩的事」的時候，他的成就感特別大。

雖然在優勢測驗中也出現相關結果，然而實際上若能透過筆記本上的紀錄，從實際經驗中發現強項，一定會更認同自己的強項。

⑥思考及行爲模式

你有一直在重複進行的思考或行爲模式嗎？

有些事情或情況，會引發重複的思考及行爲模式，藉此找到共通點，就能

看清自己的思考及行爲模式。

像是讓自己更有自信、行動變快、沮喪、厭惡自己等各種模式。有些模式會讓人想多多實踐，也會有想減少出現次數的模式。

光靠一段紀錄很難找出思考及行爲模式，請先找出多個紀錄中的共通點。持續進行週回顧之後，一定會發現「咦?之前也有類似的事情發生吧」的情況。這時候，正是找出自身模式的好機會。翻開筆記本快速往回看，找出類似的紀錄，試著用文字形容這個模式。

例 早起的日子，總能心情很好地度過一天。也許只要遵守跟自己的約定，就能更有自信。

例 看到發現某個問題卻不出聲的人，就會感到煩躁。明明發現問題，卻什麼都不做，會讓我很火大。

例 跟第一次見面的人無法好好說話、結果消沉不已的經驗太多了。尤其不擅長自我介紹。

找到思考模式：發現自己說話很有意思，會很開心

這是在製造業工作的M的經歷。

M發現自己有個思考模式，只要聽到別人說的話，就會用文字記錄話裡讓人覺得有意思的地方，然後在自己身上運用。

- K談論新冠疫情時，是站在親身經歷過痛苦的立場上發言的。
- N談話時拿漫畫《航海王》當例子，讓整段話更具體又清晰好懂，讓人方便討論。還是有具體的例子比較好理解。
- R讀了一本由精神科醫師寫的書《活出意義來》。那位醫生曾住在集中營。R表示，「（因為這本書讀起來沉重又痛苦）讓我差點因為要

維持心理平衡的本能，跑去看戀愛喜劇漫畫了。」原來《活出意義來》的相反，是戀愛喜劇漫畫啊。

寫在筆記本上的紀錄，看起來好像沒什麼關聯，不過在這之中卻藏有M的思考模式特徵。

M在聽別人說話時，總是邊在意，「大家說的話到底哪裡有意思呢？」「人要如何表達才會說得更清楚呢？」然後把他覺得好的做法學起來，運用在自己身上。對M來說，這不是刻意，純粹是感興趣才這麼做。

思考模式中有讓人想多多實踐的模式，也有想減少的模式。M的這個模式，屬於想多多實踐的模式，所以決定要花更多心思去運用這股力量。

⑦形成思考及行爲模式的信念和既定觀點

是哪一個信念及既定觀點，形成你的思考及行爲模式呢？

本書將形成良好模式的根源，稱爲「信念」；形成改進模式的根源，稱爲「既定觀點」。

要找出這些根源，就多問自己問題吧。

找出良好模式的根源

我們將透過下列的問題，來找出「信念」。

- 藏在這個思考（或行爲）背後的信念是什麼？
- 是從哪件事開始有這個信念呢？

例 看到少數派的人，就會忍不住想站在他們那邊。

我的信念，是想要創造多數派跟少數派的人都覺得舒適的環境。或許是因為小時候常常轉學，每次為了適應新環境都很辛苦，才讓我有這個想法。

四 找出改進模式的根源

我們將透過下列的問題，來找出「既定觀點」。

- 讓你覺得一定要這麼想（一定要這麼做）的既定觀點是什麼？
- 是從何時開始有這個想法呢？（開始以這種方式行動？）
- 是什麼契機，讓自己產生這種觀點？
- 身邊有跟自己的思考、行爲模式相近的人嗎？

例 很不擅長請別人幫忙。

說不定在拜託別人時，總覺得自己在麻煩別人。小時候爸媽忙於工作，自己總是小心翼翼，盡可能不要造成麻煩。或許是當時的習慣養成了這個既定觀點。

在總是貶低自己的行為模式中，發現既定觀點

這是第三次轉職、努力找工作的K的經歷。

他在轉職期間寫下的筆記中，發現了想改進的行爲模式。K只要遇到評估自己工作情況的場合（例如面試或工作績效評估會議等），就會不經意做出貶低自己的言行。他是從反思筆記裡的紀錄找到這個行爲模式。

・面試時，考官說了句「很不擅長數位類的東西」後，我也突然迸出「我也是」。面試結束後，我心想，「我沒有那麼不拿手，搞不好還算擅長

啊……」

．在面試時，我竟然說出，「我的碩士論文是用英文寫的，可是我英文沒有那麼好。」明明應該多多告訴對方，自己一直以來努力的內容。我又貶低自己了。

．只要遇到評估自己的情況，就會忘記自己跟對方是平等的，也有平等評估的權利，接著自行放棄這個權利。

爲什麼這個行爲模式會重複出現呢？於是K開始尋找背後的既定觀點。不久就發現，或許他認爲只要貶低自己，告訴對方「我是毫無價值的人」，做什麼事都不會被責備。

再往下探討這個想法時，他想起小時候的回憶。K的媽媽總是把他當成「什麼事都做不好」「毫無用處」的人，言行相當卑微。

從K的角度來看，也許把媽媽的行爲解讀成貶低自己，就能讓所有人對自己更寬容。畢竟那個年代比起現在，算是個「樹大招風」的時代。

但是，K在回顧筆記的過程中，發現自己不知從何時開始，也無意識地做出跟媽媽一樣的行爲模式。

不過他也明白，每次做出這些言行之後，都會非常後悔，「爲什麼要這樣貶低自己呢？」所以K決定要改掉這個行爲模式。

請找出自己身上重複出現的模式，再深度觀察形成此模式的原因。通常只要知道根源的眞面目，就能一下子順利與想改掉的模式說再見。

⑧期望

你有什麼期望呢？

你可能會想到「想以這種方式過一生」「（我想）成爲這種人」之類的理想狀態，或者想到「想跟那個人以這種方式交流」「工作的時候想讓自己有這種態度」等特定的期望或嚮往。

若是很難想像自己的理想狀態，改成想像自己絕對不想變成的狀態，也是一種方法。請尋找「我討厭這個」「我不想這麼做」的情況，這些也是你的期望或嚮往。

例 當自己重視的人遇到好事時，希望成為能由衷為他開心的人。為了達到這個狀態，我需要每天都覺得很滿足。希望每一天都能好好滿足自己。

例 想重新裝潢家裡，住在處處講究規畫的房間裡！

例 即使退休，也想跟社會有連結。想做非營利且能對社會有貢獻的好事。現在就來規畫要做哪些事吧。

發現自己的期望，把小時候喜歡的事當工作

這是二十年來都在租借公司上班的M的經歷。M每天光育兒與工作，就忙到焦頭爛額，沒有心力去做其他事。因爲當初沒有依喜好選擇工作，一直都爲了錢而努力忍耐工作到現在。雖然順利升遷當上了管理職，卻過著聽從上司無理指示做事、還要被屬下抱怨的日子。某天，他內心某處感覺到像是有條線斷掉了一樣，順勢向公司提出「我要辭職」之後就離開。

他以爲辭職後心情會變暢快，卻多了下一份工作該做什麼才好的新煩惱。固定上瑜伽課的他，即使聽到老師對他說，「你可以做自己喜歡的事，好好生活。」但是，他完全想不出來自己有哪些喜好。

此時，他開始培養寫反思筆記的習慣。

「我到底喜歡什麼？有哪些期望？」他邊想這些問題邊回顧，漸漸一點一點想起曾經喜歡過的事物。他的筆記裡寫著這些事：

・友人A提議，「你喜歡生機飲食吧？」

・試著做一些生機甜品。

・去試聽泰式蔬食咖哩的課。

M從上小學之後，就很喜歡製作麵包或點心，在忙於育兒及工作的情況下，讓他完全忘了自己有這個喜好。不過若仔細觀察房間各處，會發現書架上有關於點心的書，還有小學時的自己曾做過的食譜。

回想起來，以前也有人對自己說，「你喜歡做點心吧？」「要不要自己開店？」可是心裡一直認爲這喜好沒什麼大不了，更別說要開店了，根本無法想像自己開店的模樣。話說回來，自己也沒想過這世上會容許大家做喜歡的工作維生。

其實這些想法都不對。

因此M摸索出自己的期望，「我想把喜歡的食物當成工作。」

一開始想到的是開咖啡廳，然而在結婚紀念日那天，就像是命中注定般接觸到用特殊酵母製作的麵包。「這個或許可行喔！」感覺對了的他，決定報名用這種酵母製作麵包的課程，接著眞的在兩年後的春天開了麵包店。

據M表示，「連我自己都很驚訝，我居然可以把喜歡的事當成工作。」

憧憬只是暫時被塵封，當自己發現其實長年以來都想實現憧憬之後，人生也跟著劇烈改變。

7 週回顧・步驟④ 接著「具體化」，加速行動

這是週回顧的最後一步。

請把內容具體化。

所謂具體化，是指落實於行動中。

看著寫在表格右邊的一星期份具體紀錄，有時可能會想要實際做看看。或是在抽象化之後，突然想要做點什麼。無論是哪種情況都無所謂。

具體化最重要的關鍵在於，「規畫到現在可以立刻行動的程度後再落實。」

手腳快的人很擅長具體化，因爲只要內容夠具體就很好實行。

想做某件事卻遲遲沒有行動，或者不管過多久都無法實現夢想的人，請不要誤認爲是自己毅力不夠，好好鍛鍊具體化的技巧吧。

用「4W1H＋預算」來具體化

具體化時，試著把內容套進「4W1H＋預算」，不是

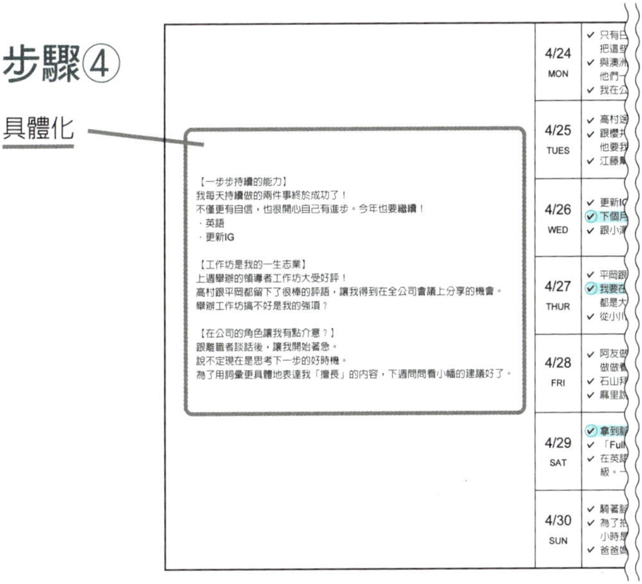

步驟④
具體化
【一步步持續的能力】
我每天持續做的兩件事終於成功了！
不僅更有自信，也很開心自己有進步。今年也要繼續！
· 英語
· 更新IG
【工作坊是我的一生志業】
上週舉辦的領導者工作坊大受好評！
高村跟平岡都留下了很棒的評語，讓我得到在全公司會議上分享的機會。
舉辦工作坊搞不好是我的強項？
【在公司的角色讓我有點介意？】
跟離職者談話後，讓我開始著急。
說不定現在是思考下一步的好時機。
為了用詞彙更具體地表達我「擅長」的內容，下週問問看小幡的建議好了。
4/24 MON
4/25 TUES
4/26 WED
4/27 THUR
4/28 FRI
4/29 SAT
4/30 SUN

5W1H喔。

- When（何時？）
- Where（何地？）
- Who（跟誰？）
- What（做什麼？）
- How（怎麼做？）
- How much（花多少錢？）

只要能填好「4W1H＋預算」，就可以把細節變得更具體，也比較好行動。

「何時？」要連日期都決定好。

「何地？」要盡可能詳細描寫那個地點。

「跟誰?」請把特定名詞寫進去。

「做什麼?」跟「怎麼做?」清楚想像要怎麼做比較好,把細節都寫出來。

譬如,如果只是寫「學英文」,就很難確定是要閱讀教科書、練習聽力,還是要上英語補習班?選項太多,反而不知道實際上該怎麼做。

最好能把內容具體規畫到無論是誰來落實,都能做出相同的行爲。「讀○○課本的第五十六頁到六十四頁之後,把不懂的地方打勾。」像這樣具體化之後,不管是誰都能做出相同的行爲。

最後,**若需要動用到預算,請決定好需要花多少錢。**

實際調查費用時,有時會遇到花費比想像中更少的情況,讓人不禁想,「只要花這一點錢?」

假如花費比想像中更多時,就可以進入下一步,思考該如何準備這些錢。

無法具體想像的話，立刻上網搜尋

有個不用動腦也能具體化的超簡單方法。

那就是：上網搜尋。

這麼理所當然又簡單的事，出乎意料很多人都沒試過，還有很多人抱頭苦惱，「啊、啊，該從哪裡開始做才好？」

網路及社群平臺，讓我們能夠接觸到各種資訊。

在怎麼做（How）方面的資訊，已經多到追不完，幾乎不用靠自己思考了。

假設現在有個想著「總有一天要去埃及看看」的人。因爲這個想法只停留在模糊憧憬的階段，他連去埃及要花多少錢都不知道。

不過，只要上網搜尋，就能立刻找到答案。只要知道要花多少錢、推薦哪個月去比較好，剩下的就是決定什麼時候成行而已。

在沒有網路的時代，人們需要特地去找熟悉埃及旅遊的人，才能問到想知道的資訊，或者直接去旅行社詢問。那個時代想要具體化，應該非常不簡單。

可是如今只要掏出手機，不用幾秒就能搜尋到結果。

當然還是要實際嘗試，才知道哪個選項最適合自己，但至少上網輕輕鬆鬆就能找到選項。在具體化遇到瓶頸時，就先上網搜尋看看吧。

找出百分百想做的事

還有一個要注意的地方。一定要做的待辦事項清單，請寫在行事曆上，不要寫在筆記本裡。

寫在週回顧表格左邊的，只能是內心百分百「想做的事」。

如果要找出純度百分百、從內心湧出的動力源，重點就是只寫下真正想做的事。

成人每天都有很多事要做，很容易把「想做的事」跟「一定要做的事」搞混。

這樣一來，會越來越搞不清楚哪個才是真正想做的事。

當有人問你，「你想怎麼做？」「有想做的事情嗎？」卻突然覺得「咦？我不知道」的人，很可能已經把「想做的事」跟「一定要做的事」搞混了，要特別小心。

我最近在做人生第一次認真的斷捨離。不管是桌子、椅子、床、燈，還是滿出衣櫃的衣服，我把所有東西都丟掉了。

在這個過程中，我有個新發現。我發現要是把重要的東西跟沒那麼重要的東西放在同一個地方，就會逐漸不知道哪個東西是重要的。

我的房間在斷捨離之前，也有過很重要的東西，像是爸媽買給我的鏡臺、我咬牙買的靠枕、去旅遊時買的紀念馬克杯等。可是這些重要的東西跟不特別喜歡的東西放在一起之後，感覺就變得沒那麼重要了。

丟掉所有不喜歡或沒在用的東西之後，重要的東西就會重新綻放光彩。思緒也是一樣。只要明確區分一定要做的待辦事項及眞正想做的事，就能重新看到眞正想做的事所綻放的光彩。

待辦事項清單請交給行事曆，筆記本裡就用內心百分百「想做的事」塡滿吧。

8 月回顧

月回顧，是將每日紀錄以一個月爲單位來回顧。

月回顧能看到跨月出現、更巨大的流向，可以幫助我們思考人生方向，或是做出重要決定。搭配週回顧一同實行，能夠更深刻地了解自己。

月回顧的表格格式，能讓我們一覽一整年的紀錄。

藉由分開填寫「內心」「行動」「結果」，釐清重要關鍵的眞面目。

習慣反思的做法之後，十分鐘就能回顧完畢。想慢慢回顧的人，請花三十分鐘來回溯、重讀吧。

月回顧表格

	內心	行動	結果	備註
1月				
2月				
3月				
4月				
5月				
6月				
7月				
8月				
9月				
10月				
11月				
12月				

準備一年一頁的表格

①月回顧・步驟①：「篩選」出當月的前三名

從那個月重視的要點裡，針對「內心」「行動」「結果」選出一到三個，寫在欄位裡。

內心：像是自己的發現或想法等，寫下這個月重視的內在聲音。
行動：寫下這個月實行的行動。
結果：寫下這個月出現的結果。

這個月的內心、行動、結果之間，不一定要有關聯。

例如，有時三個月前的行動，到了這個月才有結果，或是兩個月前浮現的想法，到這個月才終於付諸行動。請個別思考每個項目。

寫在內心欄位裡的，只有每天記錄下來的收穫。行動和結果可以藉由翻閱行事曆，回想做了些什麼，但是自己的發現跟想法之類的內在聲音，事後幾乎不可能回想得出來。

猶豫不知道該寫在行動還是結果的時候，只要依自己的判斷，寫進喜歡的欄位就好，不需要太過在意。比方說，正在找新工作的人想要寫「最終面試階段結束了」的時候，可以當成是行動，也可以當成順利走到最終面試階段的結果。這時只要依自己的感覺，選擇要寫在哪一欄就好。

寫好後，請先看著自己寫的內容，然後慰勞、稱讚自己。找出自己已經做到的地方，而不是還沒做到的地方。請找找看自己很棒的地方。如果讓反思成為自我挑剔的時間的話，會讓自己非常痛苦，不想再繼續進行下去。找到自己很棒的地方之後，好好慰勞自己，說一些會讓自己開心起來的話。**月回顧將成爲你找回自信的時間。**

每天忙碌的生活，會讓有些人漸漸覺得，「我到底做了些什麼？感覺什麼都沒做。」不過這種感覺，只是自己忘了做了哪些事。

只要試著把做過的事寫出來，就能清楚看到其實自己思考過很多事，也做了很多事。對自己越嚴厲的人，越推薦來場月回顧。

②月回顧．步驟②：找出關聯，標註箭頭

重新看一次月紀錄那一頁，找出「關聯」後，畫箭頭標示出關聯性。

例如，上個月的行動可能跟這個月的結果有關，半年前的發現也許深深影響到這個月的行動。重新看一遍之前寫過的其他月份紀錄，找出關聯，畫箭頭標示。接下來提到的只是有關紀錄間關聯的範例，不需要像範例一樣在筆記上再寫一次。

例 **五月的研討會，要跟三月遇到的Ａ一起上臺。**

例 **二月寫下的決心，「要在今年内開始做副業！」至今已過了三個月，**

我已經完成規畫了！

找到關聯後，就像週回顧一樣，思考其中的成功關鍵。若你找到了重點，請寫在空白處。

例 **四月發現的「妥協就會變得很無聊，再多鑽研一下吧」，影響到之後的行動，工作起來更開心了。以後也要繼續鑽研下去。**

例 **五月因過勞弄壞身體，所以六月起努力做好健康管理，讓身體狀況越來越穩定。這是因為曾經痛過才做得到的事！**

當自己在年底看著月紀錄回顧一整年時，每件事情間的「關聯」看起來會更明顯，所以請試著在年底回顧一年份的紀錄。

③月回顧・步驟③：寫下總結

完成第一步及第二步的回顧之後，若有其他發現或想嘗試的事情，請寫在最右邊的備註欄裡。

例 **換成現在的工作已經半年了。感覺已經很習慣，可以專心在工作上。**

例 **再一個月就要結束斷捨離！**

例 **回顧的習慣，讓我的心情變得很積極！**

也很建議大家重新看一遍月回顧的內容，在重要的關鍵字上畫重點，讓它看起來更顯眼。或是依照喜好自行設計頁面，等到重新看這一頁時會更開心。

做出重大決定或感到迷惑、不安時，只要重新看一遍月回顧，一定能幫你找出重要的線索。

（月回顧表格　範例）

	內心	行動	結果	備註
1月	√不喜歡有顧慮，想活得更像自己。	√要在公司裡辦領袖工作坊。努力三個月看看吧。	√遇見北川。感覺會成為很好的夥伴！	與人之間的相遇是很珍貴的機會。
2月	√身體很重要。打造一個能調整身體狀態的生活節奏吧。	√腰痛惡化了。開始接受運動療法。 √第一次參加公司裡的女生社群。	√上過指導課之後，可以用言語表達現在的課題了。 √我將在部門會議上擔任司儀。	每年二月好像都容易生病？
3月	√以別人為主跟以自己為主的平衡感 √調整好身心，思緒也會更清晰 √想變漂亮！	√努力進行不拿手的人際交流後，認識了很多人。 √全家一起去岩手旅行。宮澤賢治太棒了。	√為期三個月的領袖工作坊結束了。我很努力了。 √期末評價。還好啦。	好好維持工作及生活間的平衡。
4月	√舉辦工作坊說不定是我的天職。 √近期離職者好多，有點焦慮！？	√在部門裡提出成立新媒體的提案。 √買了臺腳踏車開始運動！	√領袖工作坊大受好評，好評越來越多。	對今後的工作規畫感到很不安。
5月	√想找到跟別人不一樣的優點。 √我可能很擅長一點一點持續努力。	√努力準備英文考試。 √運動調整，讓我的腰痛慢慢好轉！	√在全公司集會上演說關於領袖工作坊的事！ √英文班升級了。	都有好好地行動，真的很棒！
6月	√開始新的事情後，人際關係的平衡感就會出現變化，很難靜下來。 √放鬆一點。	√出席社群媒體會議。 √參加公司裡的三溫暖社團。	√決定要在部門裡成立新媒體了！	行動就是「正義」。
7月	√喜歡設計概念，想把它變成我的強項。	√為了成立新媒體，努力充實內容。完成五篇文章和一部訪談影片。	√得到上半年的小組獎！ √進公司已經滿三年。	三年來努力打造了自己的價值。
8月	√想讓「自己」成為不要太迎合別人的人。 √我可以付出什麼呢？	√跟加代一起到屋久島旅遊。超棒的。 √拍了形象照。	√部門會議中，新媒體頗受讚賞。 √IG追蹤人數突破2000人！	想成為更能展現自我的人。
9月	√我值得！ √絕對是影片效果最好。	√試著在IG發表reels。閱覽人數有3000！	√收到日經新聞的新媒體採訪邀約！我的言論會登在報上。 √加班變多了，體力遽減。	想鍛鍊體力。
10月	√不要累積壓力，要好好傾聽身心的聲音。	√舉辦第二屆領袖工作坊。參加人數30人！ √試著每天早起30分鐘。	√公司問我升遷到管理職的意願。明年1月會升職嗎？ √體重多了1公斤。	想學習如何管理。
11月	√認真看待每件好事。 √相信自己，好好展現自己。 √相信的力量。	√施行增加新媒體閱覽人數的對策。明年1月會有好數字嗎？ √正在改善開會時的表達。	√大家一起慶祝我的生日。好幸福！	心裡的不安消失了！？去做自己做得到的事！
12月	√想從事推廣日本文化到全世界的工作！！	√思考明年升職後的部門方針。 √每年依例跟優子去慰勞旅行，今年去了京都。	√我的後輩小川跟渡邊升成小組組長了！好開心！ √年底的尾牙好嗨。	慢慢能用文字表達自己的想法了。

9 「抽象」與「具體」交替使用，帶動現實

在反思、回顧的過程中，交替使用抽象化與具體化技巧，是非常重要的事。如果只專注抽象化，會滿腦子都是理想，忽略現實；只專注具體化，又會毫無頭緒地行動，容易白忙一場。

要以抽象化鍛鍊思考能力，用具體化轉化爲行動，兩者要相輔相成地進行。

組織行爲學家大衛・庫伯（David Kolb），提倡透過經驗學習的「體驗式學習」，這個理論模型以四個階段，說明人如何從經驗中學習。

請參考左頁圖表。上層的「主動驗證」「具體經驗」是實際行動，下層的「省思觀察」「抽象概念」是從實際經驗中學習。

他提倡這兩種模式之間的循環非常重要。

只有上層的話，會淪爲空忙一場的經驗主義；若只有下層，現實世界不會出現任何變化。

簡單說就是：

從行動中學習教訓。

把教訓運用在行動中。

營造這個循環，在從經驗中學習的過程裡，是非常重要的關鍵。

持續回顧之後，就會自然而然學會

庫柏的體驗式學習

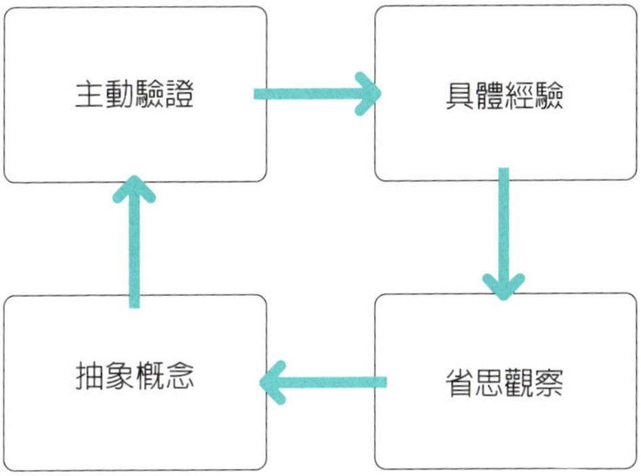

取自：Kolb, D. A.（1984）Experiential Learning: Experience as the Source of Learning and Development, Prentice Hall.

這個循環，即使本人沒有任何感覺，但回過神來才發現行動次數確實增加了。

T在小孩出生前努力工作，生下孩子後，便一路協助先生的不動產事業。等到育兒告一段落，她開始思考人生後半段該如何生活。她對人生沒有太大不滿，可是總覺得沒有活出「自己」的感覺，一直抱著這種感覺生活至今。在這時候，她開始進行自我回顧、反思。

T爲了尋找想做的事，開始參加有興趣的讀書會及課程。這是她第一次嘗試的新挑戰。可是T對於「年紀這麼大還想找事做」、遇到波折等狀況，有種「很遜」「不可告人」的感覺。她覺得瀟灑又俐落地生活，才是優秀的大人。讓她察覺到自己戴著這副濾鏡，就是寫在筆記本裡的這些話：

・F說，「就算跌倒也要跌得有價值。」他很堅強又酷，跟外表好不一樣。

・M說，「面對自己汙穢的內在，直到想吐。」有這麼誇張嗎？太厲害了吧，完全看不出來。

·有人跟我說，「半途而廢也很好。先表現一下再說，一定會學到一些事情。邊學邊做就好。」我以為要先調整到非常完美，才能展現自己，竟然可以放鬆自在地去做啊。

T在行動時，遇到的那些很棒的人，他們都是一邊摸索，一邊克服各種困難才走到現在。看到這些人，不但不覺得他們很遜，還很尊敬他們。看到筆記本裡寫的大量紀錄，T才發現自己一直以來戴著的濾鏡。

「大人也可以掙扎，也可以不怕丟臉地展示自我。我以爲盡量避免受到傷害地生活才是『大人』，原來不是這樣。」

T發現限制自我行動的濾鏡之後，開始積極地用文字表達想法，爲此付諸行動。她決定開一家私人圖書館，同時實現自己一直很重視的「閱讀」和「與人對話」。

T持續進行週回顧及月回顧，成功培養來回抽象化及具體化的習慣。

雖然每天記錄具體的事情，不過回顧一星期的紀錄時，練習統整轉化爲文字，就能形成從行動中學習，再將學到的內容結合行動的循環行爲。

成功形成循環之後，我們不再止步於書寫，還能運用寫下的事情，讓現實出現各種變化。

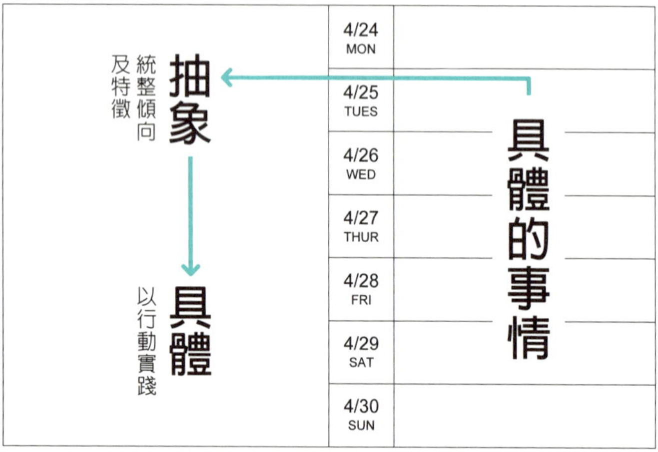
4/24
MON
4/25
TUES
4/26
WED
4/27
THUR
4/28
FRI
4/29
SAT
4/30
SUN
具體的事情
抽象
統整傾向及特徵
具體
以行動實踐

第 5 章

養成反思習慣的訣竅

1 不要把反思變成壓力

一聽到「一起來反思吧」，大家應該就會聯想到特意空出時間，準備好安靜的環境，好好坐在書桌前回顧的模樣吧？

在每天的忙碌生活中，我們幾乎沒有什麼空閒時間。如果把反思當成很棘手的事，就很難持續下去。該如何讓反思、回顧變得沒那麼辛苦，是培養反思習慣過程中最重要的事。

非常推薦**培養利用空暇來回顧的習慣**，而不是每天好好訂定「反思時間」。搭電車移動時、下個會議開始前的空檔、等人的時候，只要用心尋找，就能找到許多幾分鐘的空暇，請善用這些時間來翻閱筆記本。

「啊，上禮拜有做這些事？」「嗯？想要跟這個人聯絡，竟然忘記了。」

「這個點子果眞不錯。來做做看吧。」光是像這樣，把筆記本裡的內容當成思考或行爲的線索，就是很棒的回顧了。

與其一次做到完美，更推薦隨手翻閱筆記，增加簡易回顧的頻率。

本書開頭就提到，你在筆記本上寫的內容，全部都是重要資產。你遇到的人、經歷過的事、你的思量跟想法等都是滿滿的資產，如果不知道自己有哪些資產，就不知道該如何運用。爲了確認自己有哪些資產，重要的是多多翻開你的筆記本，看過一遍又一遍。

「有沒有可以用的資產呢？」

請用這種輕鬆的心情，隨手翻閱每一頁吧。

這個小小的習慣就像在存錢一樣，日後會默默發揮效果。

2 跟夥伴一起反思

當自己因爲各種煩惱糾結、思緒一片混亂時，有沒有跟朋友聊聊後，反而能好好整理思緒、心情輕鬆不少的經驗呢？

向他人「傾訴」的過程中，有時會出現埋頭苦寫時完全想不到的話。因爲「書寫」跟「說話」時使用的大腦部位不同。

也相當推薦與夥伴一起反思。

每週大約三到四個人相聚一次，每次短短的三十分鐘，一起回顧一個禮拜的紀錄。可以聽到別人的做法，也是回顧會的醍醐味所在。不但會遇到讓你覺得「好棒，果然跟統整法有關」、學習到新的抽象化技巧，也有可能發現「也可以這樣行動喔」而學到具體化的方法。

說起來，光是請人聽自己說話，就有療癒的效果。

也許一星期的時間感覺很短，倏忽而逝，但聽到大家各自的回顧，總會吃驚不已，「人生眞的會發生各種事。」

然後覺得，自己的煩惱不算什麼，「好！加油吧！」心裡還可能湧現足以繼續加油的力量，或是得到鼓勵，決定踏出行動那一步。從反思的夥伴身上得到的刺激是非常強勁的。

我在多家公司或組織中，也舉辦過使用筆記的回顧會。

聽過某個參加者分享，「在早上的十五分鐘內，就能聽到聚餐第三次續攤才聽得到的事」，成爲讓人感受到人生有多廣闊且深奧的時間。

我主辦的工作坊也有舉辦回顧會，在這些聚會上常聽到許多人分享，「參加聚會之後，總算養成反思的習慣了。」

3 同一件事寫了好幾次的時候，就想想羅馬皇帝

「同一件事寫了好幾次。」

我經常聽到大家煩惱這件事。

遇到這種煩惱的人，好像會開始討厭總是寫同一件事卻沒有改進的自己。

可是，從意識到這件事到有所行動的過程，本來就很耗時間。如果那個思考模式過於根深柢固，請做好可能會花超過一年的心理準備。

我想大聲告訴各位，**同一件事寫了好幾次，是因爲自己正處在嘗試改變的過程。**

本書開頭也告訴過大家，羅馬時期五賢帝之一的奧理略，是以講給自己聽的方式來寫日記。在他的日記裡，也寫了很多次類似的事情。

說實話已經到了看到膩的程度，讓人想抱怨「又是這件事」。

例如「不要在意別人的事，做自己該做的事」，像這種講給自己聽的話，已經寫過好幾次。

- 外面發生的事會讓你分心嗎？既然如此，留點空暇，去記住更好的事，不要再左顧右盼、定不下心了。
- 如果不是以公益為目的，就不要為了別人的事來消耗你的餘生。你會因此喪失做其他事的機會。
- 不要偷窺鄰居在說什麼、做什麼、想什麼，只要專心在正在做的事情上。仔細思考該如何正確又慎重地行動，才能得到更多閒暇。

想必那位皇帝腦中很清楚該怎麼做，卻很難付諸行動，才會在日記裡寫了又寫。畢竟他若成功做到了，就沒有必要再說這麼多次。

就連五賢帝都會寫同一件事這麼多次，更別說我們了！

請原諒一直在寫同一件事的自己。寫同一件事，就像是在練習騎腳踏車時，總是在說「自己跌倒很多次」一樣，經過多次的跌倒才終於學會騎腳踏車。

讓想法化為行動，當然會花很多時間。當作是自己正處於努力改變的重要過程，好好在一旁溫暖地守護自己吧。

4 習慣反省的人，就切換成哲學模式

也有很多人會在回顧時，不自覺只看到做得不好的地方，讓自己進入反省模式中。

雖然成長過程中，反省很重要，但是反省會讓回顧變得很痛苦，很有可能變成無法養成習慣的原因。

希望各位盡可能不要進入反省模式。爲此，有個方法想推薦給不自覺就會開始反省的人。

這個方法就是，**把「我眞的○○」的反省內容，改成「人類眞的○○」**。

這樣一來，原本鎖定在自己身上的反省模式，一下子就能切換到哲學模式，使自己得以用俯瞰的角度來觀察事情。

例

反省模式：我真的很愚蠢。

↓

哲學模式：人類真是愚蠢的生物。

簡單換句話說之後，不覺得自己的看法也跟著改變了嗎？

如果把事情當成自己一個人的問題，會很容易自責。**但是把事情當成全人類的問題，就會想去接納自己的弱點，還可能會找到不同的解決方法。**

例

反省模式：竟然會因為這種事沮喪，我真的很脆弱。

↓

哲學模式：竟然會因為這種事沮喪，人類真的很脆弱。

→哲學模式：既然人類原本就是脆弱的生物，就不要鑽牛角尖責怪自己，換個心情吧。

我並不是呼籲大家時時刻刻都要以這種觀點來思考，只是提出可以在腦中用各種觀點來觀察的建議。容易陷入反省模式的人，請試著用哲學模式的不同觀點來觀察。

5 寫得不順時，像健身一樣多練幾次就好

經常有人對我坦白，「我嘗試寫過一次反思筆記，卻沒辦法持續下去。」

完全不需要在意。

只要從今天開始，再努力嘗試一次就好。

跟健身一樣。

不知道你是否也有以下這種經驗呢？

元旦時暗自發誓，「好，我今年要每天做二十下深蹲！」但是到了二月，因爲感冒，心想，「今天因爲感冒了，深蹲就休息一次吧。」結果病好了也沒有重新開始，就這樣放棄了。

很多人都有過嘗試慢跑或去健身房，結果無法持續就放棄了的經驗。

寫反思筆記與回顧，就跟健身一樣。

無論失敗幾次，都可以重新挑戰。

只是失敗一次而已，不需要就此放棄。只要重新準備好喜歡的用具，以嶄新的心情面對全新的頁面，開始寫寫看吧。

請嘗試各種方法，直到找到能輕鬆持續下去的方法。

像是寫筆記的時間，如果晚上因爲太累，很難找到時間寫的話，就試著改成早上來寫吧。

要是待在家裡寫的時候，總會優先處理其他事情，就改到其他地方來寫吧。

若放棄的理由是因爲覺得筆記本太重，不想帶著走來走去的話，就買一本比較輕的筆記本吧。

或者，你是不是認爲要把筆記寫得很完美呢？很難持續寫筆記的人裡，嚷嚷著「無法每天都寫，所以覺得煩了」「筆記寫得不夠美，讓我覺得很討厭」之類的完美主義者比較多。雖然這跟個性有關係，不過，請好好告訴自己，「持續寫比寫得完美還重要。」

先習慣，接著進化，就按照這個順序來做吧。沒有人一開始就做得很完美，大家都是一步一步慢慢來。

要養成習慣，關鍵在於盡可能讓回顧變得不那麼辛苦。

就算連一句話都寫不出來，也可以只寫關鍵字就好。

就算字寫得很醜，只要自己看得懂就好。

不要太在意小事，把找到能輕鬆持續的方法當成最優先事項吧。

第 6 章

超越反思

1 反覆確認想法，培養永不放棄的能力

持續進行週回顧及月回顧後，寫著自己重視的事的頁面就會越來越多。**請在重視的事情上，用顯眼的顏色標記，或是在頁面貼上標籤，讓自己能立刻翻開那一頁**，然後像是讀聖經一樣翻閱好幾次。這樣一來，就能讓夢想逐漸成形。

沒有人會像聖女貞德一樣，某天像是被雷打到，突然領悟自己的使命。夢想要靠自己努力灌溉，才能茁壯，而筆記本就能幫助你灌溉夢想。重要的夢想要對自己複誦好幾次，直到刻畫在全身的細胞中。

開始行動之後，應該會遇到內心有所動搖的情況，也可能猶豫不已，想著，

「我眞的想做這件事嗎？」「我到底想追求什麼？」每當跨越這些波折，就能讓想法更爲堅定。

介紹一個當了三十六年公務員K的例子。

K在工作上很有成就，也過著安定的生活，連自己都以爲會一直做到退休，直到有個重大轉機來臨。那時的他調動到新部門才剛過半年，卻一直跟新部門的人處不好，工作內容也讓他沒什麼成就感，每天都過著忐忑不安的生活。

爲了排解心中的不適，K開始在每日回顧中用文字表達自己的眞心話。結果，他發現自己對現在的環境感到「憤怒」及「哀傷」。成功將眞心話轉化爲文字後，他的心情一下子豁然開朗，似乎誠實地聆聽了自己的內在聲音。

K也繼續進行週回顧，努力讓自己誠實寫出未經粉飾過的心情。據說那時候的筆記裡經常出現「誰做得下去啊」「混帳」之類的詞句。

神奇的是，每當他回顧自己的內在聲音，就會察覺自己的憤怒越變越少。原先上司是讓他感到憤怒的原因，而現在他甚至對上司萌生謝意。

K透過聆聽內心有毒的眞心話，開始產生積極的想法。

不要甘於現狀，朝新的道路前進。

浮現這個想法的K，開始跟家人商量，也衡量自身的經濟狀況。

K當然也經歷了很多掙扎。五十九歲眞的能成功轉換跑道嗎？不順利的話怎麼辦？眞的找得到想做的事情嗎？我想要辭職的眞正理由是什麼？

每次迷惘時，K就會回顧筆記本，再次確定自己的想法。

某天，K向長年光顧的理容院老闆提到，自己很猶豫要不要辭職的事情時，老闆告訴他「人生只有一次喔」，這句話讓K就此下定決心。

K下定決心要實現夢想，「我想在新的人生道路上挑戰看看。」

接著在年底向人資遞出辭呈。

你的筆記裡，一定也寫著許多重要的夢想。

透過重複確認寫在筆記本裡的想法，培養永不放棄的勇氣。

2 改變箭頭方向

我常聽到，「我每天都有做紀錄，但是內容就像普通的日記。」有同樣煩惱的人，請試著留意箭頭的方向。

箭頭的方向，分成內側跟外側。

當箭頭朝外時，請你像下列範例一樣，聚焦在身外發生的事情。

・去了〇〇。
・見了〇〇。
・吃了〇〇。

當箭頭朝內時，請你像下列範例一樣，聚焦在內在聲音上。

・下次想試試看○○。

・想到了○○的點子。

・對 A 提案○○看看吧。

認為「我寫的內容只是普通的日記」的人，大多箭頭朝外，只聚焦在事情上。因為很少看到跟自己有關的發現，才會覺得少了些什麼。這時候，請試著把箭頭的方向改成朝內吧。

箭頭朝內或朝外的比例，其實並不重要。

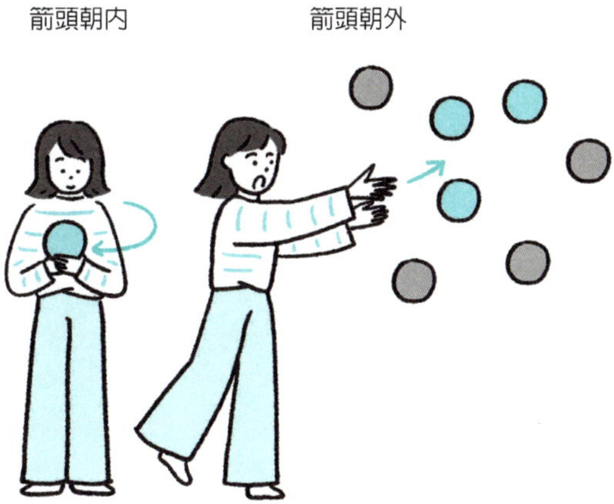

重要的是，要記住箭頭的方向有兩個。
只要記住這點，就能任意改變箭頭的方向。

3 與自己對話，建立良好關係

本書的反思方法，是在反覆自問自答，也可以說是跟自己的對話。我稱之爲「自我對話」。

與自己持續來場自我對話接力賽，會讓自己跟自己的關係越來越順利。

開始回顧之後，應該會聽到很多內在聲音。**這些聲音不一定是對的。**

它也可能會跨過不該跨越的界線，狠狠臭罵自己一頓。

或是過度讓你感到不安，想阻止你的行動。

也會引誘你，跟你說偷懶一下也無妨。

面對這些內在聲音，我們不需要默默聽著，也不需要無視。

只要好好跟它對話就好。

「說得太過分了吧？」

「你說的是真的嗎？」

跟內在聲音對話，可以找出屬於自己的答案，也可以好好跟自己相處。

我在二〇一〇年開始運用反思筆記時，總是默默聽著負面的內在聲音，不做任何回應。只要做錯了什麼，都會用這句話來責備自己：

「就說你什麼都不行，一場糊塗。連這種事都做不好，一定沒有未來啦。」

寫成文字之後，就明白這句話說得太過頭了，但我的腦中總是一片混亂。

「它說得對，我果然很糟糕。」我也曾多次受到內在聲音影響，變得更加沮喪。

默默聽著不回應的我，心裡覺得我在內在聲音面前總是無能為力。

可是，自從使用反思筆記之後，我慢慢能跟自己對話了。

例如，想鼓勵自己的時候，我會試著說這些話：

「雖然犯錯了，不過也因此學到怎麼處理，這樣就好了，不要再沮喪了！」

可是我的內在聲音很煩人，就算我想鼓勵自己，它有時候還是會回我：

「這種事情是教訓？這個教訓也太蠢了吧！」

很毒舌吧。只要對象是自己，就算是絕對不會對別人說的話，都能毫不猶豫地說出來。

雖然感覺又快要被擊垮了，但我試著努力再讓這場接力持續下去。

「也許吧。可是即使是很蠢的教訓，我也只能一個一個慢慢學！從今天開始學習，總比永遠不去學還要好吧！」

到了這地步，內在聲音總算慢慢安靜下來了。

不要只是默默聽著不回應，也不是無視。我們可以透過好好回覆自己的聲音，來找到認同的答案。

例如我們在換工作、創業或面對巨大的挑戰等，必須做出人生重要的決定時，無論是誰，心中都會猶豫。

・真的沒問題嗎？

・如果發生預料之外的事，該怎麼辦？

・家人會怎麼想？

・我會後悔嗎？

我們都在這些猶豫之中，試著找出自己的答案。

跟自己對話、導出自己認同的答案，在習慣這種互動之後，自己將慢慢成爲自己最理想的對話對象。

4 提高抽象程度，試著改變觀點

第二章的抽象化技巧，是將想聚焦的內容篩選出來後統整，不過其實還有另一個方法可以幫助我們抽象化。這個方法就是提高抽象程度，改變自己的視角及觀點。

抽象化①：篩選

這個步驟就是在介紹週回顧時，告訴各位該如何進行抽象化時的方法。

聚焦在某個特定的事情之後，再以共通點或法則來統整。這個方法能用文字表達自己的內在特徵（例如長處或興趣等），方便了解所謂「自己」的這個人。

抽象化②：改變視角

抽象程度有分等級，若等級越高，視角也會跟著墊高。以公司爲例，視角會分成以下這些層面。

・社會新鮮人的觀點。
・小組組長的觀點。
・統整部門的部長的觀點。
・統率所有部門的管理層的觀點。
・背負整間公司責任的老闆的觀點。

越往左，視角就越高，必須增加抽象程度來觀察事物，還需要判斷力。

想進行更深層的回顧時，請增加抽象程度，墊高自己的視角。假如你是「小組組長」，請從比平常更高一級的視角「統整部門的部長」的觀點來思考（跳更多級也無妨）。墊高視角後，就能看到以往看不到的事情。

例如，從小組組長觀點思考時，只會想到小組的事。但從統整部門的部長觀點來思考的話，就會發現必須也要考慮到與其他小組間的合作。

訓練自己在腦中改變視角，思考事物的範圍就會更廣闊。試著想像，「如果是欣賞的偉人，會怎麼想呢？」也是一種改變視角的訓練。開心體驗各種模擬情況，試著想像看看吧。

抽象化①

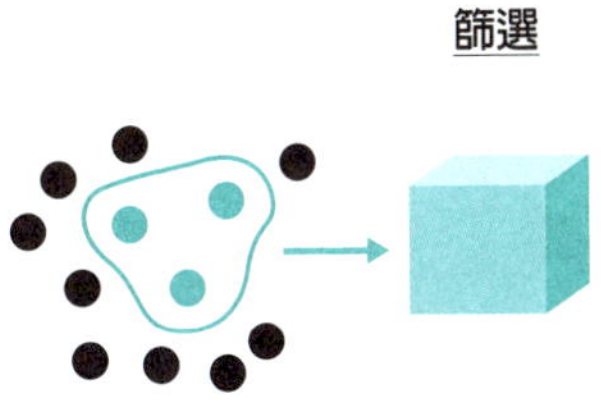
篩選

抽象化②

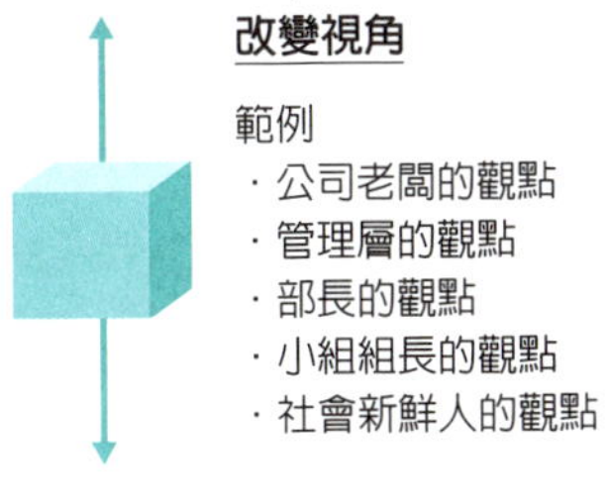
改變視角
範例
· 公司老闆的觀點
· 管理層的觀點
· 部長的觀點
· 小組組長的觀點
· 社會新鮮人的觀點

5 掌握具體化程度，活用於管理

具體化技巧，也可以活用在管理上。

下達指示時，若能配合對方程度，讓指示的內容具體化，就能得到預期的結果。相反地，如果具體化的程度不適合對方，也有可能會得到完全不符合期望的結果。

想像一下，現在你是一位隊長，要請隊員「煮咖哩」。你心中所想的「咖哩」是歐式牛肉咖哩。

如果隊員都明白你所謂的「咖哩」是指哪個種類，光靠一句「請煮咖哩」的指示，就能等到歐式牛肉咖哩上桌。

若是隊員都不知道你所謂的「咖哩」爲何，最後上桌的，說不定會是泰式綠咖哩，也有可能是非常下工夫、用獨門配方調配香料煮成的咖哩。看到上桌的咖哩，下指示的你一定會大吃一驚，「蛤？這不是咖哩！這是什麼鬼東西啦！」

用咖哩來舉例，整件事聽起來可能像是個笑話，不過這種情況經常在職場上發生。拿到的資料不是先前說過的內容、拿到的會議紀錄不是自己想要的紀錄、在一點都不重要的事上花時間，如果自己是上司，可能會因此大失所望，心想，連這種事都要我教才行嗎？

有時是爲了讓組員培養思考能力，才「刻意」放手讓他們處理。萬一不是的話，或許能透過增加具體化的技巧，來避免這種狀況發生。訓練自己配合對方的程度來具體化的技巧，能讓管理能力大幅上升。

試著運用反思筆記增進具體化的技巧吧。

6 改變，邁向最棒的未來

本書已經告訴各位，透過反思筆記找出自己的「有物」，藉此改變未來的方法。最後，請各位重新思考關於「有物」這件事。

經過認知了解到的特質，才是「有物」。沒有認知到的，屬於不存在於自己世界裡的「無物」。

自己的世界，是由認知營造出來的。

雖然我們無法改變已經發生的事，但對事情的認知百分百由自己掌握。**鍛鍊認知，可以改變自己的「有物」。**

本書提議的反思方法，也是鍛鍊認知的方法。

認知是一副可任意改變的濾鏡，當自己身上發生了某個事件，就能用這副濾鏡來訓練自己找出事情裡的價值，找出「自己」這個素材中能運用的地方。

在我開始寫反思筆記之前，並不知道這股認知的力量。

我以爲只能任憑雷曼兄弟危機、311大地震等陸續發生的意外折騰，認爲人面對命運，總是束手無策。

可是運用反思筆記之後，我開始能夠區分改變得了及改變不了的事。接著漸漸明白，發生的事情雖然無法改變，但對事情的看法完全是由個人決定。

命運確實存在，但我們不是束手無策。人能夠改變看法，積極向前地生活。

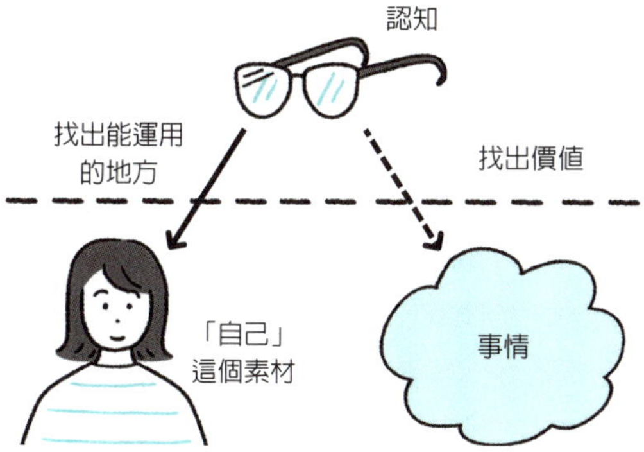

不光是對事情的認知，我也開始明白，自我認知也是由自己決定，於是開始尋找內在可以運用的地方。

就算「有物」不是什麼特別厲害的特質，我這個人也只會運用自己的「有物」。所以要從「有物」裡找出有可能發展茁壯的特質，好好培養。

有了這個想法後，我變得比以前更能發揮自我。

這個改變並非只發生在我身上。

許多持續回顧、反思的人們，也正在經歷。

雖然不是一、兩個月就會立刻出現變化，但對於事情的看法會逐漸改變，看見自己具備哪些特質，慢慢感受到變化。

請從今天開始寫反思筆記吧。

你最棒的未來將揭開序幕。

結語　親自寫寫看才會有效果

幾年前看的漫畫《國王排名》，有個我很喜歡的片段。

在那部漫畫裡，主角的弟弟二王子，每天都爲了成爲世界上最強的國王而自我訓練。

某天，有人推薦他一罐祕藥，告訴他，「喝了這個，你就能變成世上最強的人。」

打從心底想變強的王子，深受那罐祕藥吸引。

光喝藥就能變最強？

有這麼好的東西嗎？

王子雖然懷疑，卻還是很在意那罐藥。

「請想像成為世界之王的你。」

這句話讓王子心動不已。

正當他猶豫是否要喝下藥時，突然想起修行時，隨從對他說過的一句話。

任何事都沒有輕鬆的路可以走。

正是那段努力的時間，塑造出未來的你。

不要被周圍的人，更重要的是，不要被自己欺騙了。

一下子清醒過來的王子，拒絕喝下那罐奇怪的祕藥。

這就是我喜歡的片段。
漫畫裡用很明顯的畫法來畫祕藥，讀者一看就會明白：
「怎麼可能會有喝了就變最強的祕藥啦。」

我也是其中一人。
王子，不可以喝下那罐藥喔！
他在騙你。
這是我在看這個片段時的想法。

可是，仔細想想，現實裡也有很多類似的事。

三週就能重生！
你的人生會開始閃耀！

只要許願就能實現！

打開手機、搭上電車，這些宣傳的字句立刻映入眼簾。
這世上充滿可以快速變成最強的東西。

可是，實話是沒有喝了就能變最強的祕藥。
只有每天的行動能改變自己。

本書提到的反思筆記也是。
光是讀這本書，或許能讓你看見新的觀點。
但是，現實不會因爲只讀了本書出現任何變化。
開始實踐，才會有效果。
希望大家一定要親自寫寫看反思筆記。

不要去找新的祕藥，好好持續回顧、反思。

每天跟自己對話，把內在聲音化爲文字的時間，會成爲珍惜自己的時間，讓你比以前更能好好發揮自我。

聽到「反思」，就覺得不知道怎麼做才好、不有趣、很難持續進行的人應該不少。

我爲了讓大家覺得反思很好理解、很有趣、可以持續做下去，才寫了這本書。

希望讀了本書的每一位讀者，在養成反思習慣的過程中，都能擁有滿滿收穫的一段時光。

參考文獻

・《沉思錄》，馬可斯・奧理略（Marcus Aurelius），岩波書店。
・《無，生命的最佳狀態》，鈴木祐，方智出版。
・《Effectuation》（エフェクチュエーション），Sarasvathy, Saras D.，碩學舍。
・《情緒會立刻綁架大腦》（感情は、すぐに脳をジャックする），佐渡島庸平、石川善樹，學研PLUS。
・《具體與抽象：改變對世界看法的知性迴路》（具体と抽象 世界が変わって見える知性の仕組み），細谷功，dZERO。
・「經驗學習之理論系譜與研究動向」（経験学習の理論的系譜と研究動向），中原淳，《日本勞動研究雜誌》No639。
・「開發研究教師教育中培養省思的具體技法：Korthagen的『省思模型』」（教師教育におけるリフレクション養成の具体的技法の開発研究—コルトハーヘンの『省察モデル』を中心に—），上条晴夫，《東北福祉大學研究紀要》第36卷。
・Plutchik's Wheel of Emotions–2017Update（https://www.6seconds.org/2022/03/13/plutchik-wheel-emotions/）
・"Skills of an effective administrator"Robert Katz,Harvard Business Review,1974
・"Experiential Learning:Experience as the Source of Learning and Development,"Kolb,D.A. Prentice Hall

Eurasian Publishing Group
圓神出版事業機構
方智出版社
Fine Press

www.booklife.com.tw reader@mail.eurasian.com.tw

生涯智庫 224

反思筆記：神奇的思緒整理術，將過去轉化為最棒的未來

最高の未来に変える　振り返りノート習慣

作　　者／山田智惠
譯　　者／高宜汝
發 行 人／簡志忠
出 版 者／方智出版社股份有限公司
地　　址／臺北市南京東路四段50號6樓之1
電　　話／（02）2579-6600・2579-8800・2570-3939
傳　　真／（02）2579-0338・2577-3220・2570-3636
副 社 長／陳秋月
副總編輯／賴良珠
主　　編／黃淑雲
責任編輯／溫芳蘭
校　　對／溫芳蘭・林振宏
美術編輯／林韋伶
行銷企畫／陳禹伶・鄭曉薇
印務統籌／劉鳳剛・高榮祥
監　　印／高榮祥
排　　版／陳采淇
經 銷 商／叩應股份有限公司
郵撥帳號／18707239
法律顧問／圓神出版事業機構法律顧問　蕭雄淋律師
印　　刷／祥峰印刷廠
2025年3月　初版
2025年7月　2刷

定價390元　ISBN 978-986-175-831-2

「紀錄是突破思考極限的最佳利器。把所有單純的想法記錄下來，
它們便會成為方法、成為歷史。」

——《巨人的筆記》

◆ **很喜歡這本書，很想要分享**

圓神書活網線上提供團購優惠，
或洽讀者服務部 02-2579-6600。

◆ **美好生活的提案家，期待為您服務**

圓神書活網 www.Booklife.com.tw
非會員歡迎體驗優惠，會員獨享累計福利！

國家圖書館出版品預行編目資料

反思筆記：神奇的思緒整理術，將過去轉化為最棒的未來
／山田智惠 著；高宜汝 譯.
-- 初版. -- 臺北市：方智出版社股份有限公司，2025.03
272 面；14.8×20.8 公分. --（生涯智庫；224）
譯自：最高の未来に変える　振り返りノート習慣
ISBN 978-986-175-831-2（平裝）

1.CST：思考　2.CST： 思維方法　3.CST：筆記法

176.4　　114000348